制度、名物与史事沿革系列

宫廷政治史话

A Brief History of Imperial Court Politics

任士英 / 著

社会科学文献出版社
SOCIAL SCIENCES ACADEMIC PRESS (CHINA)

图书在版编目（CIP）数据

宫廷政治史话/任士英著. —北京：社会科学文献
出版社，2012.7（2014.8 重印）
（中国史话）
ISBN 978 - 7 - 5097 - 3451 - 3

Ⅰ.①宫…　Ⅱ.①任…　Ⅲ.①政治制度史 - 中国 -
古代　Ⅳ.①D691.2

中国版本图书馆 CIP 数据核字（2012）第 108006 号

"十二五"国家重点出版规划项目

中国史话·制度、名物与史事沿革系列

宫廷政治史话

著　　者／任士英

出　版　人／谢寿光
出　版　者／社会科学文献出版社
地　　　址／北京市西城区北三环中路甲 29 号院 3 号楼华龙大厦
邮政编码／100029

责任部门／人文分社（010）59367215
电子信箱／renwen@ ssap. cn
责任编辑／高传杰
责任校对／李　星
责任印制／岳　阳
经　　销／社会科学文献出版社市场营销中心
　　　　　（010）59367081　59367089
读者服务／读者服务中心（010）59367028

印　　装／北京画中画印刷有限公司
开　　本／889mm×1194mm　1/32　印张／7.125
版　　次／2012 年 7 月第 1 版　　字数／136 千字
印　　次／2014 年 8 月第 2 次印刷
书　　号／ISBN 978 - 7 - 5097 - 3451 - 3
定　　价／15.00 元

总　序

　　中国是一个有着悠久文化历史的古老国度，从传说中的三皇五帝到中华人民共和国的建立，生活在这片土地上的人们从来都没有停止过探寻、创造的脚步。长沙马王堆出土的轻若烟雾、薄如蝉翼的素纱衣向世人昭示着古人在丝绸纺织、制作方面所达到的高度；敦煌莫高窟近五百个洞窟中的两千多尊彩塑雕像和大量的彩绘壁画又向世人显示了古人在雕塑和绘画方面所取得的成绩；还有青铜器、唐三彩、园林建筑、宫殿建筑，以及书法、诗歌、茶道、中医等物质与非物质文化遗产，它们无不向世人展示了中华五千年文化的灿烂与辉煌，展示了中国这一古老国度的魅力与绚烂。这是一份宝贵的遗产，值得我们每一位炎黄子孙珍视。

　　历史不会永远眷顾任何一个民族或一个国家，当世界进入近代之时，曾经一千多年雄踞世界发展高峰的古老中国，从巅峰跌落。1840 年鸦片战争的炮声打破了清帝国"天朝上国"的迷梦，从此中国沦为被列强宰割的羔羊。一个个不平等条约的签订，不仅使中国大量的白银外流，更使中国的领土一步步被列强侵占，国库亏空，民不聊生。东方古国曾经拥有的辉煌，也随着西方列强坚船利炮的轰击而烟消云散，中国一步步堕入了半殖民地的深渊。不甘屈服的中国人民也由此开始了救国救民、富国图强的抗争之路。从洋务运动到维新变法，从太平天国到辛亥革命，从五四运动到中国共产党领导的新民主主义革命，中国人民屡败屡战，终于认识到了"只有社会主义才能救中国，只有社会主义才能发展中国"这一道理。中国共产党领导中国人民推倒三座大山，建立了新中国，从此饱受屈辱与蹂躏的中国人民站起来了。古老的中国焕发出新的生机与活力，摆脱了任人宰割与欺侮的历史，屹立于世界民族之林。每一位中华儿女应当了解中华民族数千年的文明史，也应当牢记鸦片战争以来一百多年民族屈辱的历史。

当我们步入全球化大潮的 21 世纪，信息技术革命迅猛发展，地区之间的交流壁垒被互联网之类的新兴交流工具所打破，世界的多元性展示在世人面前。世界上任何一个区域都不可避免地存在着两种以上文化的交汇与碰撞，但不可否认的是，近些年来，随着市场经济的大潮，西方文化扑面而来，有些人唯西方为时尚，把民族的传统丢在一边。大批年轻人甚至比西方人还热衷于圣诞节、情人节与洋快餐，对我国各民族的重大节日以及中国历史的基本知识却茫然无知，这是中华民族实现复兴大业中的重大忧患。

中国之所以为中国，中华民族之所以历数千年而不分离，根基就在于五千年来一脉相传的中华文明。如果丢弃了千百年来一脉相承的文化，任凭外来文化随意浸染，很难设想13亿中国人到哪里去寻找民族向心力和凝聚力。在推进社会主义现代化、实现民族复兴的伟大事业中，大力弘扬优秀的中华民族文化和民族精神，弘扬中华文化的爱国主义传统和民族自尊意识，在建设中国特色社会主义的进程中，构建具有中国特色的文化价值体系，光大中华民族的优秀传统文化是一件任重而道远的事业。

当前，我国进入了经济体制深刻变革、社会结构深刻变动、利益格局深刻调整、思想观念深刻变化的新的历史时期。面对新的历史任务和来自各方的新挑战，全党和全国人民都需要学习和把握社会主义核心价值体系，进一步形成全社会共同的理想信念和道德规范，打牢全党全国各族人民团结奋斗的思想道德基础，形成全民族奋发向上的精神力量，这是我们建设社会主义和谐社会的思想保证。中国社会科学院作为国家社会科学研究的机构，有责任为此作出贡献。我们在编写出版《中华文明史话》与《百年中国史话》的基础上，组织院内外各研究领域的专家，融合近年来的最新研究，编辑出版大型历史知识系列丛书——《中国史话》，其目的就在于为广大人民群众尤其是青少年提供一套较为完整、准确地介绍中国历史和传统文化的普及类系列丛书，从而使生活在信息时代的人们尤其是青少年能够了解自己祖先的历史，在东西南北文化的交流中由知己到知彼，善于取人之长补己之短，在中国与世界各国愈来愈深的文化交融中，保持自己的本色与特色，将中华民族自强不息、厚德载物的精神永远发扬下去。

《中国史话》系列丛书首批计 200 种，每种 10 万字左右，主要从政治、经济、文化、军事、哲学、艺术、科技、饮食、服饰、交通、建筑等各个方面介绍了从古至今数千年来中华文明发展和变迁的历史。这些历史不仅展现了中华五千年文化的辉煌，展现了先民的智慧与创造精神，而且展现了中国人民的不屈与抗争精神。我们衷心地希望这套普及历史知识的丛书对广大人民群众进一步了解中华民族的优秀文化传统，增强民族自尊心和自豪感发挥应有的作用，鼓舞广大人民群众特别是新一代的劳动者和建设者在建设中国特色社会主义的道路上不断阔步前进，为我们祖国美好的未来贡献更大的力量。

陈奎元

2011 年 4 月

⊙任士英

作者小传

　　任士英，男，1966年生，山东莘县人。1981~1985年就读于山东师范大学历史系，1985~1988年就读于陕西师范大学历史系，1998~2001年就读于首都师范大学历史系，分获学士、硕士、博士学位。1988~1998年在烟台师范学院工作。1988年9月~1989年7月参加山东省省级机关讲师团。1993~1994年在中国社会科学院历史所做国内访问学者。现为中国人民公安大学犯罪学系教授。出版有《唐代玄宗肃宗之际的中枢政局》、《隋唐帝国政治体制》、《正说唐朝二十一帝》、《后妃当国》、《盛唐气象》等专著8部，在《中国史研究》、《历史研究》、《光明日报》、《新亚论丛》、《中国历史地理论丛》、《学术界》、《唐史论丛》、《人文杂志》等报刊发表论文数十篇。近年主要研究公安学、警察史。

目　录

下　篇

历代宫廷政治生活简说

引 言

在中国帝制时代，宫廷政治的核心构件是通常所谓的宫廷或者是朝廷，其组成乃是以皇帝为中心的国家最高政治权力，也就是围绕国家最高政治权力的运作而存在着的一整套政治结构及其政治体制。在一定意义上说，宫廷政治也是国家中枢政治与中枢政治体制的运作状态。

宫廷政治的演进其实就是在一个特定时空中表述国家最高权力的运作及其运作状态。因此，宫廷政治的中心乃是皇帝与皇帝权力，是围绕皇帝权力而存在的国家中枢政治权力，是服从、服务于皇帝权力而存在的宫廷内外、朝廷上下的权力系统，包括后宫（后妃）权力系统、东宫（皇太子）权力系统、朝臣（辅政）权力系统，甚至包括内侍（宦官）权力系统，等等。因此，宫廷政治虽然以宫廷为空间背景，但绝对不是仅仅属于后宫系统的后妃装扮之后演唱的独角戏。

事实上，所谓宫廷政治的内容并不是仅仅在帝制时代才独有，自从"禹传子，家天下"之后的夏王朝，君主、君长的概念在国家政治生活中的地位就固定了，商代国君之"予一人"、周之称谓"天子"以及人们耳熟能详的"普天之下，莫非王土；率土之滨，莫非王臣"，等等，莫不给我们展示出今天所要讲述的宫廷政治的真实内核。不过，中国帝制时代与夏商周时代尤其是周天子时代的国家制度和社会政治制度与政治体制的差异还是比较鲜明的。尽管诸如宗法制之下的世袭制度等，不仅是维系商周时期国君制度的重要制度，而且在维系帝制时代皇帝制度的法统地位中，它也同样起着重要的作用。但是，在商周时期与帝制时代所展示出的宫廷政治格局及其宫廷政治的内容与色彩仍有若干差异。特别是宫廷政治的构架与面貌以及保持之、维护之的一系列国家制度，仍然是在帝制时代更突出、更完整，同时也因为帝制时代宫廷政治的演进时间很长——自秦始皇创建皇帝制度以后延续了两千余年，一直到中华民国推翻帝制，清宣统皇帝退位。因此，我们讲述的时间跨度主要集中在中国帝制时代。这是首先要交代清楚的。

宫廷政治演进之中，最大的跨越是王朝的更迭。帝制时代的王朝更迭，按照一般的时间顺序乃是所谓秦汉、魏（三国）晋南北朝、隋唐五代、辽宋夏金、元明清。从今天的角度论，王朝的演进与国姓的变换于时势而言均可谓不可逆转，在事态来看可谓波澜壮阔。然而沧海桑田，对于所谓宫廷政治而言，往往又只是角色的转换，而对于国家最高政治权力的运作而言，也只是"你方唱罢我登场"而已，反而不如某一具体王朝时期宫廷政治的演进带给后人的感触深刻。

因此，在稍稍交代帝制时代王朝更迭的顺序之后，我们的注意力则是历代王朝国家最高政治权力的结构和运作。这是又一点要交代清楚的。

那么，我们要谈的宫廷政治，究竟是要讲解什么呢？

本书分三篇介绍宫廷政治的基本内容。上篇对宫廷政治做一综括概说，意在说明宫廷政治的概念与真实内核。中篇则主要讲述宫廷政治结构的构成系统，从构成宫廷政治相关权力系统的状态与纵横交错的关系，明晰宫廷政治的历史横断面，以求解释宫廷政治何以能够发生与演进。这里主要侧重于以制度与体制的静态构成状态勾画宫廷政治的结构。下篇则通过动态的层面，对历代宫廷政治生活的具体场景加以解说，力图提供一个个宫廷政治发生与运作的具象，以解说宫廷政治如何发生与演进。希望能够在一静一动之间，对于千余年来宫廷政治之何以发生、如何发生得以概观，可以对太史公司马迁在《史记·汉高祖本纪》的《赞》语中所谓"三王之道若循环"与时贤论说之"王朝兴亡周期率"略有所明晰，对于帝制时代历代朝廷之面貌周而复始的缘由有所洞察。通过这一简单的解说与勾画，读者能够对纷纭复杂、纵横交错的宫廷政治有一把握，而不是仅仅满足对九重宫门之大内、地远天高之宫闱的好奇，也就与笔者的初衷相符了。

上　篇
宫廷政治综说

一　关于宫廷与宫廷政治

　　宫廷给世人留下的印象总是与密隐、神秘与刀光剑影难分难舍。其实，宫廷的本意就是房室之内。宫，本来就是房屋的称呼，也做内室；宫廷也做"宫庭"，《荀子·儒效》篇所谓"是君子之所以骋志意于坛宇、宫庭也"。廷又做"庭"，门屏之内的意思[①]。到后来，宫廷则成为帝王居所的专称。据《事物纪原》引用《苏氏演义》中的说法，宫，"中也。言处都邑之中也"。因此，从建筑的角度说宫廷就是帝王生活的建筑群。在这一意义上说，宫廷也被称为宫室。宫廷也称宫殿。殿，本意就是形制高大的房屋，即所谓"共也。取众屋拥从，如军之殿"，也就是在一个建筑群中规制比较高大突出的房屋。大概在秦孝公时就将天子之居称为殿。民间俗称的"金銮殿"就是此意。宫中禁卫森严，臣下不得随意出入，宫门九重，故又有宫禁之说。因为宫城门阙规制壮观，又常常以"宫阙"代称。

　　宫廷也常常被称为"宫室"，这主要是从建筑的规

_____

　　① 《荀子·儒效》。

制而言，一般代指一个建筑群，最后专指帝王的居室。宫室之前曰"庙"，后曰"寝"，寝侧两边的小门曰"闱"，建筑物前部对外敞开的部分又被称为"堂"。"堂"原意是相对内室而言。堂可以泛指天子和贵族、士大夫的居处建筑。因此，"庙堂"也时常被后人代指朝廷。因为宫城侧门称为"闱"，后宫嫔妃之居被称为"宫闱"。

显然，寻常词语因系帝王之居而超越了建筑的物化内容被赋予特定含义。宫廷也就成为对帝王、对帝王之家、对朝廷、对皇帝制度的代名词。

政治乃国家权力的活动。宫廷政治是围绕宫廷也就是皇帝而开展的权力活动，也就是围绕国家最高政治权力的运作而存在的一整套政治结构及其政治体制。在一定意义上说，宫廷政治也是国家中枢政治与中枢政治体制的运作状态。

简单地说，当宫廷被视为一个建筑群时，它是对帝王之居的称呼。当超出了物化的范围而被引申时，宫廷就是对帝王或者与帝王相关联的物事的代称。宫廷政治则是对皇帝或者以皇权为核心的国家与国家政治的称谓。

二 宫廷政治空间概念的
形成及其内涵

首先需要说明，中国宫廷政治的演进及其运作的根本需求是确保国家最高权力的安全与有效。因此，在宫廷政治的范畴之中，皇权的安全与稳定是至关重要的。权力的安全，一是权力的合法性也就是法统地位的确立，二是在权力运作过程中的权威与尊严的确立，第三才是权力的有效性。权力的稳定则是对长治久安的追求。正是由于帝制时代频频发生的王朝更迭与权力易手，才使这一安全与稳定的需求显得更加迫切。宫廷政治运作的真谛与内涵也在于此。当一个王朝的存在被提升到国家（其实是政府即 government，而不是 state，更不是 nation）与政权安全的层面时，有必要强调的一个逻辑关系是：国家安全之首端在于京师之安全，京师安全之首端在于宫廷之安全，宫廷安全之首端在于皇帝之安全，皇帝安全之首端在于皇权之安全，皇权安全之首端在于法统之安全。法统之安危存废则在于制度，其中不仅在于制度是否具有合法性与权威性，还有赖于保障制度之权威与合法性的一整套体制与机制是否具有正常效能与发挥作用。

因此，围绕宫廷政治的一系列国家政治制度和政治体制的内容就显得异常重要，其制度运作的安全与权威、尊严也就异常重要。明白了这一点，就不难理解为什么与宫廷相互关联的那些制度与物事均会有一个共同的特征：突出皇帝的存在、显示皇权的威严与地位。

由于宫廷政治的发生与国家最高权力密不可分，也就必然与皇帝（朝廷）须臾难离。那么，宫廷政治发生的空间则必然与都城密切相关。因此，宫廷政治空间概念的形成，必然首先在于都城。都城即一国之首要都邑，即首都，又称京师。据《白虎通》："京师者，何谓也？千里之邑号也。"据《公羊传·桓公九年》传："京师者，天子之居也。京者何？大也。师者何？众也。天子之居，必以众大之辞言也。"又据《独断》："天子所居曰京师。京，水也。地下之众者莫过于水，地上之众莫过于人。京，大。师，众也，故曰京师也。"① 简单而言，都城就是宫廷政治运行的空间，是国家政治中枢所在。

因此，凡立国者，必先选址定都。虽都城失守未必国亡，但凡国亡，则都城多遭沦陷，所谓城头变幻大王旗。比如秦都咸阳，西汉之都长安（今西安）、东汉之都洛阳，隋唐之都长安，宋之都汴京（今开封）、临安（今杭州），元之都大都（今北京），明之初定南

---

① 《白虎通疏证》卷四《京师》。

京后迁北京，清之都北京，等等，莫不如此。王朝更替，江山易手，必然随之京师易主。因此，京师之于国家的重要意义不言而喻。

历代建国肇基，选择都城地点乃成为首要之事。历代都城的地理位置所在，大致按照由西向东、由南而北的方向迁移。按照《太平御览》所说的传统，"王者受命创始，建国立都，必居中土。所以总天地之和，据阴阳之正，均统四方，以制万国也"。《白虎通》卷四说："王者京师必择土中何？所以均教道，平往来，使善易以闻，为恶易以闻，明当惧慎，损于善恶。"[1]因此，历代立国者选立首都首先要考虑的就是天子之居京师中枢之地以号令天下，因此强干固本，稳定第一，实现长治久安。

选择京师最重要的考虑是位置，选址最主要的原因无外乎几点：一是军事上的，也是最直接的，要能够定都以后守得住，存下来，能够自我安全保卫，得到拱卫；二是经济上的，要能够有足够的经济实力确保王朝长治久安；三是政治上的，定都归根结底是一个政治行为，决策者说了算。不同王朝的决策不同，很大程度上决定了王朝的命运。至于究竟哪些因素对决策起到决定性的作用，还要具体问题具体分析。像秦定都咸阳，是由于咸阳为其根本。西汉高祖刘邦建国，他的属下都是关东人，都想把都城定在洛阳。大臣娄敬则认为关东久经战乱，"使天下之民肝脑涂地，

---

① 《白虎通疏证》卷四《京师》。

父子暴骨中野，不可胜数。哭泣之声未绝，伤夷者未起"，并不适宜定都。张良指出洛阳虽有险可据，但腹地狭小，四面受敌，非用武之地，而关中则是"所谓金城千里、天府之国也"。娄敬、张良所言既有群众基础即政治上的考虑，又有经济、军事上的取舍。刘邦也最后决策，定都长安。

到隋唐时期仍然定都长安，但关中已经难以支撑国家庞大的开支用度，以至于唐朝皇帝常常要率领朝廷百官前往洛阳"就食"。虽然唐中宗曾表示自己不愿意做"逐粮天子"，但为了保证京师粮食供应等而用于漕运的开支使国家不堪重负。长安缺粮，几乎成为影响朝廷稳定的大事。唐德宗时曾因为听到漕粮及时运抵长安的消息，近乎失态地对皇太子表达他的欣喜若狂："吾父子得生矣"。隋唐以后，京师位置渐渐东移，很显然有国用开支方面即经济因素的考虑。

北宋定都汴京，除了是因为沿袭前朝旧都，最重要的是出于经济因素的考虑。定都汴京可以依靠运河、汴河漕运东南财赋供应其数十万军队和百万居民。实际上汴京除了北依黄河并无险可守，军事安全很难保障。据说宋太祖赵匡胤就曾想西迁洛阳，"欲据山河之固，而去冗兵"，时为晋王的宋太宗赵光义认为迁都不便，他的理由则是"在德不在险"。

到元明清，将都城建于北京，虽然细数原因复杂，但是元以蒙古族、清以满族入主中原，均有居重驭轻之态势。这和明朝开国皇帝朱元璋之委任燕王朱棣以及燕王登基迁都北京都有异曲同工之处。居重驭轻，加强边防，巩固国家安全，即军事上的原因是很重要的考虑。清兵入关定都北京时，南方处于战乱，清入关后的政治需要是定都北京的首要考虑因素。

明清之际大学问家黄宗羲在《明夷待访录·建都》中认为，明朝之都改迁北京城甚是失算，认为是明灭亡"不可救"重要原因①。他与唐都长安作比较，认为唐玄宗因安史之乱避乱逃亡成都，唐代宗避乱跑到陕州（今河南三门峡），唐德宗跑到奉天（今陕西乾县），都能够安全离开京师。而明定都北京，到崇祯皇帝被围之际，虽然也想出奔，但是孤悬绝北，竟无路可去，自绝于京师之中。此虽属一家之言，但定都之于国运，事属攸关，则十分明显。

出于同样的原因，都城京师之外，很多王朝均有陪都的设立。如唐朝之东都洛阳，北都太原，后期乃有西都凤翔等。有的甚至多达四五陪都。契丹的大辽国建有五京（上京、南京、东京、中京、西京），金人"袭辽制，建五京"②。元大都之外仍有上都，明永乐迁都北京亦然保留南京故都，清定都北京则仍存盛京等，都是因为王朝出于政治的需要与军事上等考虑而保留的。这些陪都的设立，在一定程度上影响了宫廷政治发展与演进的面貌。

京师之中，宫城是核心建筑。在京师与宫城建筑之中，中轴线的设计与建筑的对称布局构成了中国帝

---

① 黄宗羲：《明夷待访录·建都》。
② 《金史·地理志》。

制时代宫廷建筑的最显著特征。核心建筑在中轴线的中心点上，中轴线的设计在隋唐长安城的建筑设计时已经非常明确。这一特征，在京师之中突出了宫城，在宫城之中突出了皇宫的正殿。

京师一般按照帝后居住区、朝廷百官办公区和居民生活区等功能区划分，宫殿建筑是都城之中的最核心部分。像汉代长安的长乐宫、未央宫和建章宫是宫廷建筑的主体。隋唐时京师常常分为宫城、皇城与外郭城，宫城依然是都城的核心。前后虽然有太极宫、大明宫、兴庆宫三宫的变化，但是三大宫内各自的正殿建筑仍然处于建筑群的中轴线上。自元大都以后的北京宫廷建筑群，以紫禁城为中心，赫然为城市最核心的建筑，而且其坐落在中轴线的整齐宏伟之势，至今仍为世人惊艳。

不仅如此，京师的城市建筑布局还在诸多细节上突出着宫城的地位。京师诸门皆通达九逵，三途洞开，行人左出右入，往来有严格的规定，"行者升降有上下之别"，中间的一条是专供皇帝使用的"御道"。在汉代长安，这条御道连皇太子也不可逾越。如隋唐长安城的设计，乃是利用了地势上的六坡即六条冈阜为易经乾卦之六爻，"故于九二置宫阙，以当帝王之居，九三立百司，以应君子之数。九五贵位，不欲常人居之，故置玄都观、兴善寺以镇之。"① 刘秉忠等设计元大都，更是严格按照《周礼》"方九里，旁三门。……左祖右

---

① 《唐会要》卷五〇《玄都观》。

社，面朝后市"的制度规划的。

正是由于京师建筑的这一特征，使规整的宫城地位突出，宛若上天在人间的一个中心。再加上其壮丽的规制，雄伟的气势，复杂的结构，体现了宫廷主人的权威。汉初面临严峻的经济形势，国家财政吃紧，天子不能居纯驷，将相或乘牛车，但是萧何负责营建未央宫，宫殿规制极其壮丽，汉高祖刘邦以为过分，怒责萧何。萧何则以"天子以四海为家，非壮丽无以重威"的理由令刘邦大悦。隋文帝时，杨素主持修建仁寿宫，待宫城完工，因为"颇伤绮丽，大伤人丁。高祖不悦。"他也同样以"帝王法有离宫别馆"劝谕皇帝使其成功释怀。无论帝王法还是重天子之威，这一表达均说明宫廷建筑之确保安全的物化功能。建筑规格的壮丽是将天之万里九重移植到人间，体味人间天子的尊严，正如唐诗人骆宾王诗所谓："不睹皇居壮，安知天子尊"。因此，显示帝王法，就不能单纯从经济上来算账。忽必烈建大都，就明确"宫室城邑，非巨丽宏深，无以雄视八表。"

秦之阿房宫宫阙建筑中以磁石为门，四夷来朝有隐甲怀刃者"入门而胁止，以示神，亦曰'却胡门'"，更是以强烈安全防范意识施用于宫廷建筑中。《唐律》中"卫禁律"以及"十恶"之罪的规定，也均是为了从衣食住行与日常居住场所全方位地保障皇帝安全。服务内宫的御前侍卫虽然威风八面，但未经允许兵刃露出三寸即定为死罪，宫中带刀侍卫若是发觉而不告者也为同罪。这样的规定也同样提示出：宫廷之中，确保皇帝的安全是多么重要。

　　京师之内、宫廷之中、朝堂之上，凡此种种，均是宫廷政治运作的空间，也是宫廷政治发生的舞台。这一空间形成的基础，就是紧紧围绕着一个中心——皇帝。无论宫廷政治形成的空间状态如何，都无法离开皇帝与皇权，否则宫廷政治发生的舞台就不复存在。

中　篇

宫廷政治结构与权力系统

皇权是宫廷政治的权力核心，也是帝制时代国家政治制度的核心。宫廷政治结构就是以皇权为中心的一系列权力系统和环节。这些权力系统围绕着皇权而存在，其功能在于服务、服从、配合以至于保持维护皇权的威严地位和有效延续，组成了帝制时代国家权力政治结构的基本面貌。

在宫廷政治结构中，皇权政治结构复杂，并不是一个简单的条块划分。其中最主要的线条就是君臣关系，这是最常态的一对权力关系，它体现出上下等级结构的划分。构成宫廷政治结构的君臣与君臣关系，并不是单纯指代皇帝与朝廷臣僚。这里的君即君主，也就是皇帝，除了皇帝及其皇权，还包括了围绕皇帝而存在的后宫权力系统以及确保皇权延续与顺利交接的东宫权力系统。而后宫权力系统与东宫权力系统相对于皇帝来说，往往又是臣子的身份。君臣之际的"臣"，虽然主要是以百官之长宰相为代表的朝廷臣僚（其中甚至可以划分为中央官、地方官、文官、武将、外戚、贵胄等），但是后宫权力系统和东宫权力系统也包括其中。尤其是以皇太子为代表的东宫权力系统亦君亦臣、非君非臣的独特地位，对宫廷政治格局的面貌造成了显著影响。

一般来说，宫廷政治结构包括了皇帝、皇后、皇太子以及朝廷群臣（主要是以行政首脑宰相为核心，军将、外戚夹杂其中）、宦官。它们的权力系统都有一整套的制度内容，在围绕皇权的运作过程中，地位和作用的显现依赖不同的政治条件和因素，形成的是一个封闭的、全息的结构系统。其运作模式和其中的部分权力系统发生着若干变化，并一直在发生着调整变化，但其实质是不变的。

官廷政治运作的首要要素是皇帝权力的有效行使以及皇权的顺利延续，这也是皇权运作安全的需要。皇帝安全由制度或权威来确保，皇帝权力的有效延续和过渡是重要的制度。

制度的权威及有效行使，取决于制度的张力、活力和威慑力，制度的稳定是确定制度权威的核心要义。君臣之际不同的权力系统围绕着皇权所造成的身份的扭曲，特别是皇太子亦君亦臣，非君非臣的角色，导致了皇权制度的乖张：在这个确保皇权稳定的制度设计构架之下，以皇太子为代表的东宫系统（同时大部分时候有后宫权力系统的存在）往往又会导致这一权力系统与官廷政治结构的不稳定。同时，在皇权系统之下的诸多权力系统又彼此配合、相互牵制，形成一个相对稳定的全息式的自我封闭的权力系统与立体结构。这种稳定结构之中存在着的极度不稳定，形成了宫廷政治演进的特定历史轨迹。

宫廷政治发生的共同点，是围绕国家核心权力在政治核心空间中展开的，其表现为不同权力系统的政治配置与交织（也可以狭隘地理解为不同利益集团之间相互较量与冲突），且往往有着后宫的参与与介入。当然，不同历史时期宫廷政治发生的面貌也不尽相同，其差异则又往往要取决于皇权的地位与状态，皇权的权威主导抑或是地位卑弱往往会衍生出不同权力集团的粉墨登场，或权臣当道，或武人跋扈，或女主龙飞，其发生的缘由与结果或自然而然、水到渠成，或一波三折、石破天惊。宫廷政治的因果互为表里，难分彼此，历史的必然与偶然纵横交织，纷纭参错。乱花渐欲迷人眼，宫廷政治的跌宕起伏，难道是无迹可寻吗？不是的。

以下就宫廷政治结构之中相关权力系统的构成及其状态略加解说，以明宫廷政治何以能够发生。

一　宫廷政治的核心

——皇帝及皇帝权力

皇帝的名号及其政治功能

正如开篇所提示的，宫廷政治的发生并不是帝制时代所独有。其实在夏商周的"三王"时期就存在了。不过，按照宋人赵彦卫《云麓漫钞》的说法，天子自夏朝时"去帝号称王，与殷、周为三王"，帝号"非是生称"，而是在死后用于庙享时的称号。其实，战国时期秦王与齐王曾一度称"西帝"、"东帝"。但"上古天子称皇，其次称帝，其次称王。"一直到秦始皇才自称"皇帝"。

按照秦始皇的看法，秦并六国，一统天下，若名号不更，"无以称成功，传后世"。从秦始皇起，皇帝即成为君临天下，统治万邦，号令臣下的最高统治者的称呼。"皇帝"是至尊之称，那么，为何秦始皇以皇帝为天子称号？除了所谓德兼三皇、功过五帝的自得外，还有皇帝二字的特定内涵。按照《太平御览·皇王部》的记载：帝者天号，皇者人称。帝者禘也。禘，乃是上古祭天之礼仪，专指天号。应劭《汉官仪》载："皇者，大也，言其煌煌盛美；帝者，德象天地，言其能行天道，举措审谛，父天母地，为天下主。"① 郭沫若、王国维、唐兰、于省吾等都专门研究过"皇"的字义。"皇帝"二字就是代表着自然界中至大至美的天。皇帝代指人间最高统治者，代表天行使权力，本身就已经是极尊贵的至尊之称。不仅如此，围绕着皇帝还形成了一系列的名物制度。

如皇帝之命为"制"，令为"诏"，自称曰"朕"。除了自称，还有以物品（乘舆、车驾）、方位（如"上"、"今上"、"陛下"）、祝愿辞（如万岁）等代指的称呼。此外，还有：（1）谥号。这是皇帝死后所加的具有一定褒贬评价的称号。所谓谥者，行之迹也；号者，功之表也。谥号当然不是皇帝所专有，且在秦始皇时因谥号系"子议父，臣议君也，甚无谓"而一度取消，但西汉以后相沿未改。西汉自刘邦的继承人汉惠帝以后的谥号都加"孝"字，就是因为"孝子善述人之志向"，如汉惠帝之谥号就是按照《谥法》"柔质慈民曰惠"而得。隋炀帝之"炀"就是因"去礼远众"、"好内远礼"而得谥。周文王、周武王之"文"、"武"就是谥号。据《谥法》"经纬天地、道德博闻、慈惠爱民"等皆曰"文"，如汉文帝；"刚强直理、克定祸乱"等皆曰"武"，如汉武帝。唐太宗李世民死后谥号曰"文皇帝"，唐玄宗被称为唐明皇

———————

① 《太平御览》卷七六，《皇王部一》引应劭《汉官仪》。

就是因为他死后的"至道大圣大明孝皇帝"的谥号。
（2）庙号。庙号是皇帝死后入太庙奉祀时书之神位上
的称号。秦始皇自为始皇帝，后世以计数，二世三世
至于万世，传之无穷，没有庙号。也有的认为他以世
系为庙号。汉代恢复古礼，以祖有功而宗有德，故以
"祖"、"宗"为号。汉之后继者，"以为功莫盛于高
帝，故为帝者太祖之庙；德莫盛于文帝，故为帝者太
宗之庙。"按照汉人应劭的理解，以"始取天下者为
祖"，汉高祖刘邦是也；"始治天下者为宗"，汉文帝称
太宗是也①。唐朝人颜师古则认为祖，始也，始受命
也；宗，尊也，有德可尊。始建国谓之祖，继位者谓
之宗，其实与始取天下为祖，始治天下为宗更多是强
调了后继者的有德。后来帝王庙号均以祖、宗为定。
皇帝死后没有庙号之前称"大行皇帝"。大行者，按照
颜师古的说法就是"未返之辞也"，如同现代所说的与
世长辞。（3）尊号。一种是皇帝在位时所加的徽号。
这类名号多是辞藻美丽、自我吹嘘，今天看来没有多
少实际意义。据说这是自汉哀帝时始有。如唐高宗称
"天皇"，唐中宗即位后上尊号曰"应天皇帝"，后又
加尊号"应天神龙皇帝"。唐玄宗在位期间，就热衷于
加尊号。先天二年（713 年）十一月，加上尊号"开
元神武皇帝"，开元二十七年（739 年）二月七日又加
尊号"开元圣文神武皇帝"。天宝元载（742 年）二月
十一日，又加尊号"开元天宝圣文神武皇帝"。天宝七

---

① 《史记·孝文本纪》集解。

载（748 年）五月十三日，又在原来的尊号基础上再加"应道"。次年闰六月加"开元天地大宝圣文神武应道皇帝"。天宝十二载（753 年）十二月七日更尊号为"开元天地大宝圣文神武孝德证道皇帝"。另外一种尊号是死后追加的。一般是当世的皇帝自己加了尊号，就附带着给他们的列祖列宗也追加尊号。唐太宗李世民在唐高宗咸亨五年（674 年）八月被追尊为"太宗文武圣皇帝"，唐玄宗天宝八载（749 年）六月又被加尊号为"太宗大圣大广孝皇帝"。唐中宗死后也被屡次追尊为"中宗孝和大圣大昭孝皇帝"。（4）年号。年号是皇帝在位期间的纪年所用的名号。此法方便了朝野上下的记事，可谓最有意义的制度。此法最可以明确皇帝世系，被清人赵翼赞誉为"万世不易之良法"①。自古帝王没有年号，一般都是以某年改作元年，建年号始于汉武帝建元元年（公元前 140 年），当然另外有说法是汉武帝"至元狩（前 122 年）始建年号"②，也有认为是"年号之起在元鼎（前 116 年）"③。在整个帝制时代均有年号，从无间隙。一般年号有两字，如"建元"、"贞观"、"洪武"、"顺治"、"宣统"等。其余如汉哀帝"太初元将"四字年号昙花一现，新莽有"始建国"三字年号，再就像北魏太武帝用"太平真君"、武周用"天册万岁"、"万岁通天"，宋太宗、宋真宗、宋徽宗各用过一次四字年号。年号大

---

① 赵翼：《廿二史札记》卷二《武帝年号系元狩以后追建》。

② 同上。

③ 《资治通鉴》卷一七，汉武帝建元元年，胡三省注。

多取义吉祥或者有所寓意，如宋徽宗"大观"年号取自《易经》"大观在上"，"政和"年号取"庶政惟和"之义。宋仁宗"天圣"为"二人圣"、"明道"取义"日月"之意，则是当时儒臣为了迎合宋仁宗时皇太后刘娥垂帘听政之事①。古人称一为元，所以改年号又称为改元。改元则是新的年号开始。皇帝登基即位，一般次年改元，所谓"一年不可有二君"②，如唐太宗在武德九年即位，他于次年改年号贞观。若是皇帝即位当年改元暗含是对其前人的否定。如唐肃宗在唐玄宗天宝十五载于灵武即位，登基之日就改元至德，是因为他是没有得到唐玄宗册命的擅立，要急于表明自己的法统地位。另外，皇帝出行称巡行、行幸，死则称为崩或者驾崩、宾天，死后安葬之所称为陵寝。

皇帝之女称公主，婿称驸马。自秦始皇开始追尊其父为太上皇，皇帝之父为太上皇则为定例。西汉高祖刘邦的父亲刘太公成为第一位活着作太上皇的人。不过，称太上皇不加"帝"号则无权，称太上皇帝则是有权威的帝王，如清朝乾隆皇帝在位 60 年后自称太上皇帝，仍然握有实权。像唐末世的僖宗被立为"太上元皇圣帝"也能够招兵勤王。历史上最年轻的太上皇是北魏献文帝拓跋弘，他 18 岁时迫于冯太后的压力传位孝文帝。唐朝差不多是历史上太上皇出现频率最高的朝代，从开国皇帝李渊在唐太宗时做太上皇开始，

---

① 蔡絛：《铁围山丛谈》卷一。
② 《白虎通疏证》，卷一《诸侯袭爵》。

唐睿宗、唐玄宗、唐顺宗和唐僖宗、唐昭宗也相继作了太上皇。由太上皇重新再当皇帝者则如宋高宗、明英宗。

围绕皇帝的诸多名号，其政治功能就在于显示其至尊高贵，意在存敬畏，保障其安全。因此，皇帝名号从法律制度到日常生活常常存在很多忌讳，天下臣民需要避讳。若冒犯忌讳，则会触犯法律，如《唐律疏议》规定：凡臣下上书与面陈奏事，"误犯宗庙讳者，杖八十；口误及余文书误犯者，答五十"。若是触犯皇帝名讳，则要徒三年①，甚至，会招致文字冤狱，像明清两代，文字狱实属寻常。

 最高权力法统地位的确定

确立至高无上的权力，最直接最简单的方式就是登基，也称为践祚。登基的仪式即礼仪程序很重要。其中，为了登基会有一系列的礼典场合与仪轨，历代规制虽然有所不同，但其所要表达的内涵大同小异。皇帝登基属于国家大典，必有君臣之际在特定场合（一般是在朝堂）的相见之礼，其中臣子对皇帝的跪拜之礼是首要环节。跪拜就好像君臣达成了契约，表达了对新君的服从、尊重。如果另外有人称帝则为僭越，为逆篡或反叛，众人则会群起而攻之。跪拜维护了登基者的法统权威，承认了皇帝的法统地位，维护了既

---

① 《唐律疏议》卷十《职制律》。

有政治秩序的安全。作为回报，皇帝就要给予跪拜者官爵禄位。因此，无论条件多么简陋，登基典礼上的跪拜之礼是不会缺省的。另外一个仪式就是告天，同时会举行全国大赦。告天是属于祭天大典。享祀上天是为了借以表达登基的合法性，同时使登基更加具有排他性，确立其作为天子的独尊地位。大赦天下不仅是为了昭告天下四方，同时显示出皇帝生杀予夺的无上权威。当然，能够成为登基者是要有条件的，只有极少数人能够如愿以偿。即使像东汉末年权臣曹操，身加九锡，爵封魏王，建天子旌旗，出警入跸，但自己并不敢称帝，当孙权劝其废汉献帝自立时，他也没有贸然应承，还很清醒地把这看做要把自己放炉子上烤。曹魏时司马懿、司马师乃至司马昭，也与曹操一样，最多接受晋王之命，建天子旌旗，均不曾称帝①。朱元璋在元末红巾军中势力崛起后，他也接受了儒士朱升"高筑墙、广积粮、缓称王"的建议。

能够有实力登基者，尤其是开国者，必须具备应有的政治实力和军事力量。政治实力主要是得民心，这是由其政治声望决定的。军事力量就是武力，所谓枪杆子里面出政权。历代开国者几乎无一不是依靠这样的实力得到帝位的。《吕氏春秋》所谓"胜者为长……，长之立也出于争。"正是俗语胜者王侯之谓也。像刘邦经楚汉之争战胜西楚霸王项羽，自谓"马上得天下"。不过得天下在表现形式上历代并不一致。除了直接以武力

---

① 赵翼：《廿二史札记》，卷七《禅代》。

夺取得以开国登基，像西汉刘邦、东汉刘秀，明太祖
朱元璋等——立君的政治功能在于休止争端，自王莽
篡汉始就有了"禅让"的方式。禅让是完全不同于力
取的方式，相传始于尧舜禹时代。表现为先朝皇帝主
动将皇位传给新的继承人。这种办法，貌似和平，其
实也是以实力做后盾。大多是权臣胁迫弱主而成，不
过在传位过程中较少发生武力冲突。曹魏代汉成功后，
曹丕似乎茅塞顿开，不无得意地说："舜禹之事，吾知
之矣。"一般的禅让，要"先封大国，加九锡、殊礼，
然后受禅①。赵翼评价说："自此例一开，而晋、宋、
齐、梁、北齐、后周以及陈、隋皆效之。此外尚有
（西晋）司马伦、（东晋）桓玄之徒，亦援以为例。甚
至唐高祖本以征诛而亦假代王之禅。（后梁）朱温更以
盗贼起而亦假（唐）哀帝之禅。自曹魏创此一局，而
奉为成式者且十数代，历七八百年。"② 禅让之前万事
俱备时，受禅者还要有众人的劝进与推举，本人则要
辞让。一般三推三让，李渊接受隋恭帝禅让时竟然九
推九让，以至于劝进者几乎失去了耐心。李渊则解释
说："恐群公面诔，退为口实。"③ 受禅者要观察局势，
把握时机；劝进者是为了得尺寸之功，获得元从功臣
的待遇，推让之际显然是君臣契约定盟前的讨价还
价。

　　有史家评论说，历代得国之易，莫若隋文帝。是

---

① 《资治通鉴》卷二六五及胡注。
② 赵翼：《廿二史札记》，卷七《禅代》。
③ 温大雅：《大唐创业起居注》卷三。

说隋文帝代周的禅位简单明了。其实这也是禅让的一种类型。像赵匡胤陈桥兵变后的"黄袍加身"是另外一种类型。赵匡胤得到禁军众将领拥戴而取代后周政权，其实与后周郭威代后汉的"黄袍加身"如出一辙。赵匡胤之举本身并无创意。

 最高权力行使的方式

皇权乃是国家最高统治权，国家的一切大权操纵在皇帝一人手中，所谓"天下之事无大小，皆决于上"①。这一权力无所不包，皇帝拥有在行政、立法、司法、财政、军事等方面的绝对权力，正是"帝王御天下，在总揽威柄"②。皇权不惟至上，而且独尊，一切经由皇帝名义发布的诏令制敕，都具有神圣不可侵犯的地位。帝制时代，皇帝行使权力的方式主要是：在内听朝理政，批答奏章；在外巡幸地方，视察下情。

在内听朝理政就是在宫廷之中举行朝会。

历代朝会一般分大朝和常朝两种形式。按照古礼，也会根据朝会场所的不同区分为中朝、外朝和内朝。如唐初以太极殿为天子正衙，朔、望朝日天子坐而视朝在此，此即所谓古之"中朝"。"若元正、冬至大陈设，燕会，赦过宥罪，除旧布新，受万国之朝贡，四夷之宾客，则御承天门以听政"，此即所谓古之外朝。

① 《史记》卷六《秦始皇本纪》。
② 《宋史》卷二九一《宋绶传》。

若系"常日听朝"理政，则于宫内之两仪殿，此即所谓古之"内朝"①。简单说，朝会地点距离皇帝寝宫越远，礼仪的色彩越重，反之，理政的色彩越浓。大朝一般时间与场所固定，礼仪隆重。西汉建国之初，朝廷是所谓"布衣将相之局"，诸侯臣下都是与刘邦一起打天下的功臣。朝仪未定，君臣朝会秩序混乱，平时在宫中设宴，一些武将狂呼乱叫，醉酒失态，拔剑乱砍，嘴里不干不净，朝廷上不成体统，刘邦对他们无法控制。后来，秦博士官出身的叔孙通率众弟子议定朝仪，修成一套适用于汉朝廷的礼仪，在汉高祖七年（前200）冬十月，借长乐宫落成，诸侯王、群臣前来朝贺时，首次使用了新的朝礼。群臣由谒者引导依次进入殿门，分文臣武将分列为朝班，侍卫的甲士执戟站立，大张旗帜，唱警。一切就绪后，刘邦方出来受贺，群臣行礼，以官爵高下尊卑依次而行，秩序井然，气氛肃穆庄严，御史在侧监察，凡有行动不符礼者，呼其退朝，待罪堂下。刘邦见群臣文武成列，秩序井然，心情极为愉悦，由衷地说道："我今日知为皇帝之贵也！"

一般在朔望日即每月初一、十五和新年元旦、冬至等节日举行的朝会都属于大朝。据《唐会要》卷二十四《朔望朝参》记载："故事，朔望日御宣政殿见群臣，谓之大朝。"每逢正至日皇帝接受皇太子、皇太子妃以及群臣朝贺，就在太极殿举行典礼，这就是元正、

———————

① 《大唐六典》卷七《尚书工部》。

冬至时举行的大朝。大朝很重要的政治功能是依靠大典礼仪显示天子至尊的威严，本身未必要具体处理国政。至于像唐朝时朔望朝参只受朝贺，并不理政，故而渐渐不被重视，从唐玄宗时期开始"以朔望陵寝荐食，不听政，其后遂以为常"①。

常朝自汉代有五日一朝，后来有三日一朝、隔日一朝。历代常朝时间往往有不同，至于明朝正德、嘉靖至万历时帝远天高、君门万里，皇帝终年不与朝臣相见，乃是特例。不过，历史上也有辍朝制度。这是古代旨在维护君臣关系的一项重要的朝廷礼制与国家典制。比如隋唐时期，凡亲王、公主、文武大臣三品以上或曾出将入相或为天子亲臣等薨，据礼均可辍朝。如开元十八年（730年）十二月宰相张说薨，"辍朝五日，废元日朝会"，二十九年（741年）宁王李宪薨，辍朝十日。唐中后期，地方节度使、观察使、都护、经略使及忠臣子嗣薨者也有此制。致仕官曾任三品以上正官及历四品清望者也有优礼辍朝之制。辍朝一日、二日、三日、五日之别，须由死者身份尊卑、品秩高下决定。据说，辍朝之际，若遇紧急军国事务，皇帝则可于便殿召对宰臣，只要"不临正朝"，则"无爽事体"②。皇帝除按规定"辍朝"外，若无故不朝是被视为"阙一日万机之事"，示天下怠于听政。上朝自然要早起，贪恋衾枕之间，耽误了朝会，

① 《唐会要》卷二四《朔望朝参》。
② 《唐会要》卷二五《辍朝》。

就会被视若荒怠国政，那样就会招致物议，白居易《长恨歌》中所咏"春宵苦短日高起，从此君主不早朝"就是对此情形的一种讽喻。大臣为备朝参，自然也要起得更早，叶盛《水东日记摘抄·二》中所载明朝洪武年间大臣钱宰罢朝后吟"四鼓咚咚起着衣，午门朝见尚嫌迟，何时得遂田园乐，睡到人间饭熟时"①，应当可以反映中古时期朝参者的一般情形。唐宪宗元和十年六月三日，宰相武元衡准备早朝时被刺客所杀，就是在天还没亮的时候，作案者高喊"灭烛"，可知当时夜漏未尽。

常参官凡朝参不到或是晚入，据令均要受到惩罚，朝参具服亦有常仪，不如仪者均要受到御史纠弹。朝会期间的礼仪规范更是严格。宫外有禁卫军执戟唱警，当皇帝驾临，朝班必须保持安静，乃至有对官员"不许唾咳"的规定。宫中的安全保卫和仪仗也很是威严，据汉代蔡邕《独断》所说：自古以来，"天子必有近臣执兵陈于陛侧，以戒不虞"。大殿之内更有御史执法，纠举朝参失仪者。

每逢朝会，由百官奏事。"奏事，谓面陈。"② 凡事关军国事务，时政得失，皆可在朝堂之上对仗公言。只有一些曹司的具体、琐细事务与一些秘密不可对仗奏者，允许仗下后陈奏。朝堂召对、奏答，重大国务得以及时处理。朝会不仅使皇权得以有效行使，而且

① 转引吴晗《朱元璋传》。
② 《唐律疏议》卷十《职制律》。

也有效地维护了皇权的威严与地位。

朝会之外，批答奏章是皇帝理政与行使权力的又一重要方式。奏章是臣下奏呈皇帝的一种书面形式的报告，又称为奏疏、奏表或上书，即所谓"书奏特达"[①]的文件，或为汇报情况，或为请示工作（后来谓之"取旨"），此属国家行政体制运作的重要环节，是皇帝操纵予夺生杀大权的又一方式。奏章作为朝会面奏之外的一种奏事形式，说明它与朝会面奏互为补充，不可偏废。皇帝之批答，正是权力行使的又一表现。这一形式，自秦汉以来历代因循。其格式越来越详备，无论其格式如何，奏上表章所涉及的内容都相当广泛。凡遇机密，可将奏章封固进呈。一般情况下，封章闻奏，多以启封，清朝则形成了奏折制度特别是密折制度。隋炀帝时，"太守每岁密上属官景迹"[②]，虽内容与一般奏疏有异，但其格式当同于后世的密折。

对奏章的处理，从程序上有宰相（明清则是内阁与军机处）机构的参与，但唯有以皇帝名义批答后方有效。所谓王言曰制，自秦始皇时开始，"命为制，令为诏"[③]，以皇帝名义颁布的文件都具有法律效力。据蔡邕《独断》载汉代制度，天子之书有策书、制书、诏书、戒敕，"自魏晋已后因循，有册书、诏、敕，总名曰诏，皇朝［唐］因隋不改，"武周天授元年（690

---

① 《唐律疏议》卷十《职制律》。
② 《隋书》卷三《炀帝纪》。
③ 《史记》卷六《秦始皇本纪》。

年）时，因避则天名讳①，改诏为制②。唐朝时奏抄在皇帝御画"闻"后，其意义则等同制书。据《唐律疏议》卷九《职制律》："其奏抄御亲画闻，制则承旨宣用；御画不轻承旨，理与制书义同。"

此外，皇权行使还有所谓"密诏"与"口宣"等制度。所谓"密诏"，"盖事干大计，不欲明示，则密遣图之"③。就是说，密诏多于事关军机或处于紧急状态下使用。据宋朝人赵升《朝野类要》说，密诏之制"自唐已有此"。像唐肃宗至德以后，因时值安史之乱，"天下用兵，军国多务，深谋密诏，皆从中出"，或曰"王者尊极，一日万机，四方进奏，中外表疏批答，或诏从中出"④。密诏之特点就是"从中出"，即经由皇帝直接发出，反映出天子出令的灵活与自主性。"口宣"在这一点上与密诏有相通之处，即不经宰臣之手，直接经内廷或近臣承命。由于不经由朝廷之正常手续出令，其颁下形式略有差异，所以与一般所说的诏旨、制敕及玺书、册命不同，此正是武周时宰相刘祎之所谓"不经凤阁鸾台（中书门下），何名为敕"⑤ 之意。但是，无论密诏还是口宣，既然径由皇帝宣下，其效

---

① 武则天名曌，与诏音同，此系避其嫌名。避讳，正是为了加强皇帝的威严与神圣不可侵犯的地位，避讳在朝臣上书奏事中也有明令规定，据《唐律疏议·职制律》，诸上书奏事误犯宗庙者，各有刑罚，其道理是一致的。

② 《大唐六典》卷九《中书省》。

③ 赵升：《朝野类要》，"密诏"条。

④ 《旧唐书》卷四三《职官志二》。

⑤ 《旧唐书》卷八七《刘祎之传》。

力是与诏、制均等的，其权威性决不容置疑。刘祎之因不奉敕令，被武则天以"拒捍制使"罪赐死于家即为明证①。按《唐律疏议》卷十《职制律》"对捍制使"条："谓奉制敕使人，有所宣告，对使拒捍，不依人臣之礼，既不承制命，又出拒捍之言者，合绞。"而且，"对捍制使而无人臣之礼"者，据唐《名例律》可入"大不敬"之刑（属"十恶"之一），刘祎之被赐死而免处绞，足以看出天子出令的神圣不可侵犯，显示出皇权行使中的真实情形。

皇帝出巡，巡幸京师以外，是行使皇权的另一种方式。

出巡、行幸，天子驻跸（有行宫）地方，行使权力的场所发生了变更，皇权运作的实质与内涵并无变化。

皇帝出巡，所备法驾、卤簿等仪仗皆有定制。其出巡行幸之处，观风问俗，示威于四海，广布浩荡皇恩，此自秦始皇以来即为习见之事，故二世胡亥有"先帝巡行郡县，以示强，威服海内。今晏然不巡行，即见弱"②一语与赵高谋。隋朝文帝、炀帝巡行关内、边疆，或亲录囚徒，或存恤地方，或提兵巡狩、接见四夷首领，莫不显示出皇权之威严。像隋文帝出巡，"乘舆四出，路逢上表者，则驻马亲自临问。"③隋炀帝巡视北方至突厥启民可汗帐，对高丽使者云："归语

① 《旧唐书》卷八七《刘祎之传》。
② 《史记》卷六《秦始皇本纪》。
③ 《隋书》卷二《高祖本纪》。

36

尔王，当早来朝见。不然者，吾与启民巡彼土矣"①，其示威北疆，更可显示巡边的政治意义。所谓"四时蒐狩，前王常典，事有沿革"②，只是文物制度各代并不完全相同。据《新唐书》卷一四《礼仪志四》："天子将巡狩，告于其方之州曰：'皇帝以某月于某巡狩，各修乃守，考乃职事，敢不敬戒，国有常刑。'"并且，车驾将发，要"告圆丘、宗庙，社稷，皆如别仪。皇帝出宫，备大驾卤簿皆如常仪"③。

无论听朝还是巡幸，只是皇权行使的场所发生了政变，其实质并无变异。

① 《隋书》卷三《炀帝本纪》。
② 《唐会要》卷二十七《行幸》。
③ 《通典》卷一一八《礼典·吉礼十·皇帝巡狩》。

二　后宫权力系统

——宫廷政治核心的补充

　　在宫廷政治之中，后宫是皇权的补充。《礼记·曲礼下》云："天子之妃曰后"。后妃即帝王之妻妾，从表面形式说来，后妃制度乃帝王之家的婚姻家庭制度，从其内容而言，后妃制度又是维护皇权（皇统）的必要补充，是体现并保证皇权至上与独尊的重要制度。自汉代以后，天子之正妻即称皇后，正位中宫，与皇帝之君临天下相对应，皇后曰小君，母仪天下。唐人颜师古云："后亦君也。天曰皇天，地曰后土，故天子之妃，以后为称，取象二仪。"[1]后之于君，犹月之于日，阴之于阳，与君主正相对应，皇后要以"阴柔"、"坤顺"体现其存在。在后宫之中，皇后是当然的中心。后世常常以"中宫"代指皇后。皇后正位中宫，遂为天下母仪。其舆服、卤簿、行止均有常仪。同"皇帝孟春吉亥享先农"、执耒耕田一样，每逢季春，皇后也要择吉享先蚕，行"亲桑"之礼。皇后亲桑与

----

　　[1]　《汉书》卷九七上《外戚传上》。

皇帝籍田一样，都是国之盛典，为历代所重视。

秦并天下，"宫备七国，爵列八品"。汉兴，因循其号，自汉武、元帝之后，"世增淫费，至乃掖庭三千，增级十四"①。以后历代名号屡有变化，但是皇后以下各级嫔妃的设置规模从无改易减少。

自古以来，天子立后，并建六宫、三夫人、九嫔、二十七世妇、八十一御妻，这是人们描绘皇帝后宫规格的经典。皇后以下不同等级的嫔妃设置，常常被称为"六宫万数"②，民间俗谓三宫六院。其实其居所均在深宫之内，与人间地远天隔。皇后在皇帝面前，也常常要自称"臣妾"。长期以来，人们经常注意到皇后在宫廷生活中的命运多舛，经常谈论的是皇后因稍有不慎，就会遭到废黜而被幽闭冷宫。唐朝诗人白居易《上阳白发人》诗中对红颜暗老的上阳宫人那样一种"少苦老苦两如何"宫门哀怨的渲染，似乎更加深了这一印象。尽管有逢皇帝选美，民间有匆忙嫁女之事，说明颇有一些人家不希望女儿被选入宫中，也就难怪晋武帝选美之际禁止民间婚嫁。但是有资格被选入宫中，需要才德、色貌、教养和高贵的家庭出身等条件符合才可以。按照汉代制度，还规定了年龄需要在13到20岁之间。所谓"汉法常因八月筹人，遣中大夫与掖庭丞及相工，于洛阳乡中阅视良家童女，年十三以上，二十已下，姿色端丽，合法相者，载还后宫，择

---

① 《后汉书》卷十《皇后本纪》。
② 《资治通鉴》卷一三〇，宋明帝泰始元年。

视可否，乃用登御。所以明慎聘纳，详求淑哲。"①。经过严格拣选得以入宫者，有的可以直接经过大婚被册立为皇后，有的则是寻常嫔妃，经过不知何许岁月才有机会得到升迁，有的会因为"母以子贵"，当儿子被立为皇太子而得到提升。有的自己没有做过皇后，但可以因为儿子做了皇帝而成为皇太后。有的时候，一个家族会有若干女子被选入宫，如独孤信的女儿一为北周明帝的皇后、一为隋文帝的皇后，乃是一门二后。再如晋武帝时的大杨皇后杨艳和小杨皇后杨芷为堂姐妹，不仅一家二后，其舅族家的表妹赵粲也入宫为充华夫人。有的姊妹二人同在一个皇帝宫中为嫔妃，如汉成帝时的赵飞燕（后来成为皇后）和她的妹妹（《赵飞燕外传》中记其名字叫赵合德）。有的一门女子前后入宫为妃，如东汉汉和帝的母亲即汉章帝恭怀皇后梁贵人、汉顺帝的皇后梁妠（小贵人）和她的姑姑都出身于家世显赫的安定梁家。清朝时实行满蒙通婚，此类事更属寻常。如皇太极改国号为清以后，册封了五宫妃子，其中博尔济吉特布木布泰为永福宫次西宫庄妃，庄妃的姑母为清宁宫中宫皇后，庄妃的姐姐为关雎宫东宫宸妃。三位都是出自科尔沁部博尔济吉特氏。尽管如此，皇帝有时候想要册立自己喜爱的后宫佳丽为皇后也不是可以随心所欲，汉成帝立昭仪赵飞燕为皇后、唐高宗立昭仪武则天为皇后过程中所遭遇的一波三折就是明证。

---

① 《后汉书》卷十上《皇后纪上》。

后妃权力系统的结构与组织系统十分严密，它以皇后为中心，下设内官、宫官、内侍等。内官之等级还比附朝廷官爵的高下，其等级森严，组织严密。据正史记载："汉兴，因秦之称号，帝母称皇太后，祖母称太皇太后，適称皇后，妾皆称夫人。又有美人、良人、八子、七子、长使、少使之号焉。至武帝制倢伃、娙娥、傛华、充依，各有爵位，而元帝加昭仪之号，凡十四等云。昭仪位视丞相，爵比诸侯王。倢伃视上卿，比列侯。娙娥视中二千石，比关内侯。傛华视真二千石，比大上造。美人视二千石，比少上造。八子视千石，比中更。充依视千石，比左更。七子视八百石，比右庶长。良人视八百石，比左庶长。长使视六百石，比五大夫。少使视四百石，比公乘。五官视三百石。顺常视二百石。无涓、共和、娱灵、保林、良使、夜者皆视百石。上家人子、中家人子视有秩斗食云。"① 东汉光武中兴，号称"断雕为朴"，六宫称号唯皇后、贵人，此外置美人、宫人、采女三等②。但贵人金印紫绶，已与朝廷三公相埒。晋武帝采汉、魏之制，置贵嫔、夫人、贵人，是为三夫人，位视三公。淑妃、淑媛、淑仪、修华、修容、修仪、婕妤、容华、充华，是为九嫔，位视九卿。其余有美人、才人、中才人，爵视千石以下③。隋文帝时"唯皇后正位，傍无私宠"。嫔妃设置略依《周礼》，有嫔三员，掌教四德，

① 《汉书》卷九十七上《外戚传上》。
② 《后汉书》卷十上《皇后纪上》。
③ 《宋书》卷四十一《后妃传》。

视正三品。世妇九员，掌宾客祭祀，视正五品。女御三十八员，掌女工丝枲，视正七品①。唐因隋制，皇后之下，有贵妃、淑妃、德妃、贤妃各一人，为夫人，正一品。昭仪、昭容、昭媛、修仪、修容、修媛、充仪、充容、充媛各一人，为九嫔，正二品。婕妤九人，正三品。美人九人，正四品。才人九人，正五品。宝林二十七人，正六品。御女二十七人，正七品。采女二十七人，正八品。其余六尚诸司，分典乘舆服御②。至若女真建大金国，国初诸妃皆无位号，金熙宗始有贵妃、贤妃、德妃之号。海陵王后宫设元妃、姝妃、惠妃、贵妃、贤妃、宸妃、丽妃、淑妃、德妃、昭妃、温妃、柔妃凡十二位。其内官制度：诸妃视正一品，比三夫人。昭仪、昭容、昭媛、修仪、修容、修媛、充仪、充容、充媛视正二品，比九嫔。婕妤九人视正三品，美人九人视正四品，才人九人视正五品，比二十七世妇。宝林二十七人视正六品，御女二十七人视正七品，采女二十七人视正八品，比八十一御妻。③清朝自皇太极始建五宫。到顺治时，乾清宫设夫人一，淑仪一，婉侍六，柔婉、芳婉皆三十。慈宁宫设贞容一、慎容二，勤侍无定数。康熙以后，典制大备。皇后居中宫。皇贵妃一，贵妃二，妃四，嫔六，贵人、常在、答应无定数，分居东、西十二宫。东即景仁、承乾、钟粹、延禧、永和、景阳六宫。西即永寿、翊

---

① 《隋书》卷三十六《后妃传》。
② 《旧唐书》卷五十一《后妃传上》。
③ 《金史》卷六十三《后妃传上》。

坤、储秀、启祥、长春、咸福六宫。诸宫皆有宫女子供使令①。从略举历代后宫组织及其与朝廷官员秩次的对应关系，足见后宫等级森严，组织严密。

内官、宫官之外，宫廷又设内侍，以供驱使。内侍机构历代属于宫廷的服务机构，俗谓宦官。宦，本意在"养也"。天有"宦者四星，在帝座之西"。宦官则是在宫廷之中最接近皇帝、后妃的人。明清时期常常呼之"太监"。

严格地讲，内侍之设仅仅是为内宫服务的，先秦时期之内小臣、寺人等均系中宫，内侍宦者的设置，是后宫严密的组织系统中不可或缺的。秦汉时宫廷内侍属于少府与大长秋，但其成员并不均是宦官。掖廷、永巷等属于较为纯粹的宦官。东汉时期的中黄门令、小黄门、中常侍均是供职宫廷的阉人宦官。经过魏晋南北朝的发展，宦官机构则形成了内侍省组织。隋朝以内侍省署置诸内侍、内常侍，并有内谒者，仿秦汉以来之长秋、中常侍之属。隋大业三年（607 年）改称长秋监，杂用士人。唐朝复称内侍省，光宅元年（684 年）曾称司宫台。省设内侍二人，开元时增至四人，"中官之贵，极于此矣。若有殊勋懋绩，则有拜大将军者，仍兼内侍焉"②，又有内常侍、内给事等。内侍之职，掌在内供奉，出入宫掖，宣传制令，总掖庭、宫闱、奚官、内仆、内府五局，凡皇后享先蚕、亲桑、

---

① 《清史稿》卷二一四《后妃传》。
② 《大唐六典》卷十二《内侍省》。

受朝贺出入均掌其仪礼。供奉内宫、服务于皇后。另有内谒者监、内谒者、内典引、内寺伯，分掌在宫内宣达敕令、诸亲及命妇朝会名簿及班次位置及出入宫门之仪。内寺伯则掌纠举不法。内侍省在贞观时期不置三品官。内侍长官，贞观时制度品级乃四品阶。"其职但在阁门守御，黄衣廪食而已"，尚未超越后宫的藩篱。到唐玄宗时期，中官内侍地位有了很大提高，"中官稍稍称旨者，即授三品左右监门将军。"[1] 像高力士因受玄宗亲重，"每四方进奏文表，必先呈力士，然后进御，小事便决之"。从此，"权未假于内官"之状况一去不复返[2]。史言"监军则权过节度，出使则列郡辟易"。"怙宠邀君，乃至守三公，封王爵，干预国政"，自唐德宗贞元以后，以宦官为神策军左右护军中尉、中护军，分掌禁军，更是威权日炽，至若"万机之与夺任情，九重之废立由己"[3]。明朝曾在宫门树立镌刻有"内臣不得干预政事，预者斩"的铁牌，朱元璋也曾立下严禁太监读书识字的制度。但是，这些最后都慢慢成为具文，太监品级和地位逐渐提高。大明宣德年间在宫里成立内书堂作为专门供太监读书的学堂。明英宗时的大太监王振在宫中被称为"王先生"。明朝宦官机构有四司、八局、十二监二十四衙门的庞大机构，其中司礼监的秉笔太监可代替皇帝用朱笔批示奏章公文，这叫做批红。这方便了宦官弄权，内阁辅臣

---

① 《唐会要》卷六五《内侍省》。
② 《旧唐书》卷一八四《宦官传》。
③ 《旧唐书》卷一八四《宦官传》。

往往也要俯首听命于宦官。除了司礼监秉笔太监代天子批红，还有提督东厂、西厂等特务机构。自永乐以后，宦官出使、专征、监军、分镇、刺探臣民隐私，权力极大，明英宗王振以后，明武宗时太监刘瑾被称为"立皇帝"，明熹宗时魏忠贤被呼为"九千岁"①。宦官势力的膨胀，达到登峰造极。

不过，宦官专权，与其说是皇帝权力的变形，不如说是后宫对皇权的一种补充，归根到底，任何一位宦官都不可能失去皇权的凭借，更无法超越全部皇权的范围。唐朝时高力士之被贬流，李辅国求为宰相而不遂愿乃至唐代宗时之被盗杀，鱼朝恩之"雉经而卒"、程元振之被放归长流、窦文场之自请致仕、吐突承璀之为唐宪宗诛杀、王守澄之被唐文宗鸩杀等②，都说明内侍权力的扩张充其量也不能超出皇权允许的框框。唐代宗时李辅国专决内外奏事，虽"随意区分"却"皆称制敕"，仍旧是打着皇帝的旗号。正如旧日史家所指出："向使不假威权，但趋帷扆，何止四星终吉，抑亦万乘延洪。昔贤为社鼠之喻，不其然乎？"③内侍之典禁军，是皇帝为武臣典重兵之弊；持节任使、监军委事，乃是代天子节制大臣，内枢密使之口含天宪，也不过是褫夺南衙承旨之责，牵制外朝宰相。宦官之所谓专权，只是折射出皇帝权力的强化，只是皇权在运作形式上发生了某种变异，它们绝不是削弱，

---

① 《明史》卷三〇四、卷三〇五《宦官传》。

② 参两《唐书·宦官传》各本传。

③ 《旧唐书》卷一八四《宦官传》。

更不是否定皇帝之绝对权力。

旧日史家认为后妃的功能是传宗接代，"所以广嗣也"①。其实后妃的设置并非传宗接代一端可以概括。后宫生活从来就是古代政治生活的一个缩影，尤其是宫廷政治运作的重要内容。

在皇权政治格局下，在宫门九重之内的后妃群体，扮演了宫廷政治舞台上的重要角色，她们又自觉不自觉地演绎出宫廷政治一幕幕的悲喜剧。史臣曾有"综一代之兴亡，系于宫闱"② 之叹，由于后妃在帝制时代宫廷政治中的地位和作用，使原本具备常人喜怒哀乐的后妃不再能够轻易按照民间生活的轨迹来安排各自的生活，她们与寻常百姓生活的场景地远天隔。

历代皇后制度本身随着皇帝制度的完善而不断完善，比如汉代皇后死后本来没有加谥号的制度，皆是用皇帝的谥号来称呼。如西汉高祖刘邦皇后吕氏称高皇后。从东汉以后，皇后就逐渐有了谥号，但是一直到隋唐初期，皇后也都是一字或者二字谥。像隋文帝后独孤氏谥曰献，唐太宗后长孙氏谥曰文德。同皇帝之名号完备有异曲同工，隋唐皇后的名号除了谥号，也有尊号，也要入庙祔陵。如唐玄宗天宝八载（749年）追尊睿宗以上祖宗皇后"顺圣"，则高祖至睿宗之皇后遂有四字号，像长孙后称文德顺圣，武后称则天顺圣等。不惟如此，唐代皇后居中宫之日也有加尊号

---

① 《明史》卷一一四《后妃传·孝烈方皇后传》。
② 《清史稿》卷二一四《后妃传》"论曰"。

者，像唐高宗称天帝，皇后武氏亦加"天后"，唐中宗神龙复位后，群臣上尊号应天神龙皇帝，皇后韦氏亦被加"翊圣"尊号，称"顺天翊圣皇后"。到了赵宋时期，皇后的谥号就由二字谥增加到四字，如宋真宗皇后刘娥谥庄献明肃。明太祖朱元璋建国，"鉴前代女祸，立纲陈纪，首严内教"，皇后的谥号最初只是两字，如朱元璋皇后马氏为"孝慈"。但是在永乐元年马皇后的谥号就增加为十三个字，曰"孝慈昭宪至仁文德承天顺圣高皇后"，嘉靖十六年时更增加到十五字谥，曰"孝慈贞化哲顺仁徽成天育圣至德高皇后"。满族入关以前，制度草创，宫闱未有位号，但循其旧俗称"福晋"。改国号为清后，始建五宫，"位号既明，等威渐辨"，入关以后，也按照旧朝制度为后妃设立徽号，如清太宗皇太极的妃子孝庄在康熙平定三藩之乱后就被进加"昭圣慈寿恭简安懿章庆敦惠温庄康和仁宣弘靖太皇太后"的徽号，竟然二十字之多，她死后，雍正、乾隆等朝累世加谥，号曰"孝庄仁宣诚宪恭懿至德纯徽翊天启圣文皇后"也是十七字。清朝末期大名鼎鼎的慈禧太后谥曰"慈禧端佑康颐昭豫庄诚寿恭钦献崇熙皇太后"，也是十六字。

历史上，后妃的命运，当皇帝死后，除了能够母以子贵做到皇太后、太皇太后从而可以进入宫廷政治格局的中心外，孤寂落寞的生活已是难免，偶有被放出宫外许嫁民间被当做新君的恩德。大部分嫔妃会以未亡人的身份留在宫中，有的被送到皇家寺院出家为尼，有的被遣送到先皇陵城守墓，有的会被赐死殉葬、追随先皇于地下。皇后与奴婢之间地位往往就是一步之遥。当陷于后宫政治漩涡的时候，她们的斗争往往与争宠相联系。表现为争风吃醋的寻常斗法，往往都隐藏着深刻的政治利益。后宫斗法的结果也经常是你死我活，残酷暴烈。汉初吕后对付戚姬竟成"人彘"之祸。唐高宗时，武则天与王皇后、萧淑妃斗法，也如法炮制，将二人置于酒瓮之中呼为"醉妪"。

后妃一旦投身到宫廷政治生活的场景当中，就好似个个身不由己了。曾经是温良贤淑的闺中少女突然之间变得刚猛果敢、铁血无情，本来就暴戾妒恨者更是变本加厉。皇权政治制度的设计似乎就是这样的奇特，往往要求以"阴柔"、"坤顺"体现其存在的后妃却常常要一展雄姿，所谓巾帼不让须眉。她们或"临朝称制"，或"垂帘听政"，无论哪一种形态，都因而从后宫走上政治的核心，由"体自坤顺"到"位居乾极"，以柔乘刚①，亲掌朝政，成为左右或控制皇权的政坛至尊。

值得注意的是，不仅早在战国时期的秦国就曾有宣太后芈八子因秦昭王年少而专决朝政，而且到近代中国已经开眼看世界的清朝末期，也仍然有慈禧太后的垂帘听政。众多后妃把持朝廷最高权力的政治轨迹，不仅贯穿于中国帝制时代的全过程，而且在这一过程中延续了相当长的时间。像继秦朝以后大一统的西汉

---

① 《旧唐书·沈传师传》卷一四九，载其父沈既济反对唐国史为武则天立"本纪"时所言。

王朝，开国皇帝刘邦的皇后吕雉就是以皇太后身份临朝称制十几年；西汉最后被王莽取代时，新莽也是从临朝的太皇太后王政君手里抢取到传国玉玺。到整个东汉时期，因为多是幼主即位，所谓"皇统屡绝，权归女主，外立者四帝（安、质、桓、灵），临朝者六后（章帝窦后、和帝邓后、安帝阎后、顺帝梁后、桓帝窦后、灵帝何后），莫不定策帷帘，委事父兄，贪孩童以久其政，抑明贤以专其威。"① 汉代以后，大概除了明朝以外，中国历代王朝都发生过后妃"临朝称制"或"垂帘听政"的情况。隋唐时期皇后可以直接参谋国议。隋"文献皇后功参历试，外预朝政，内擅宫闱"②，就是很典型的例子。据《隋书》卷三六《文献独孤皇后传》载："上（文帝）每临朝，后辄与上方辇而进，至阁乃止。使宦官伺上，政有所失，随则匡谏，多所弘益……后每与上言及政事，往往意合，宫中称为二圣"。"二圣"格局，大致反映了这一时期皇后在宫廷政治中不寻常地位，至于说隋文帝"每事唯（独孤）后言是用"③，未必属实，但其政治举措都留有独孤皇后的痕迹则无夸张。唐高宗时期，皇后武氏也与之并称"二圣"，据《资治通鉴》卷二〇一记载，高宗麟德元年（664 年）上官仪之狱后"上每视事，则后垂帘于后，政无大小，皆与闻之，天下大权，悉

---

① 《后汉书》卷十上《皇后纪上》。
② 《隋书》卷三六《后妃传》。
③ 《隋书》卷三六《后妃传》；《太平御览》卷八一《皇亲部六·隋文献独孤皇后》载与此同。

归中宫，黜陟、杀生，决于其口，天子拱手而已，中外谓之二圣"。就连唐太宗皇后长孙氏，虽曾声言"牝鸡之晨，惟家之索。妾以妇人，岂敢豫闻政事"，唐太宗也"常与后论及赏罚之事"①，并且长孙皇后也多借古喻今，以她独有的方式成为一代名君的"良佐"。

历史上常对后宫参政预政颇多诟病，其实是出于社会习俗的偏见，若以国家体制的运作而言，皇后之预闻军国事务，正是对皇权的必要补充。唐高宗遗诏中所命令太子枢前即位，"军国大事有不决者，兼取天后进止"②，倒可说明他深得其中精义。在北宋开国虽然出现过号称"内助之贤、母范之正"的皇太后杜氏，但是宋朝历史上出现了多位皇太后垂帘听政，并且曾专门制定"皇太后垂帘仪"，规定皇太后垂帘听政期间在国家大典中一切相关的礼仪细节③。这样一种皇后或者皇太后因临朝称制或垂帘听政而步入皇权政治核心的情况，也就成为中国帝制时代宫廷政治运作的别样风景。这一与传统观念相距千里的宫廷政治的形态，在每一朝代当中的不少时候，又差不多成为当时皇权政治格局中的常态。即使到了清朝末年政治统治已经进入急剧衰败的时期，咸丰皇帝的钦显皇后叶赫那拉氏也就是慈禧太后，也成为一位著名的垂帘听政的后妃。慈禧太后在咸丰死后的同治年间与慈安皇太后两宫并尊（诏旨分别尊称"母后皇太后"和"圣母皇太

---

① 《旧唐书》卷五一《后妃上·长孙皇后传》。
② 《唐大诏令集》卷一一《大帝遗诏》。
③ 《宋史》卷一一七《礼志·宾礼二》。

后"），以咸丰所赐"同道堂"小玺垂帘听政。她在儿子同治皇帝驾崩后，定策立光绪皇帝并再次垂帘听政。光绪成年和大婚后，她虽几次名义上归政，但无意交权，一直以"训政"名义裁决军国大政。最后，竟借口光绪皇帝有疾将其幽禁于宫中瀛台。光绪皇帝幽死，又是她定策立了清朝最后一个小皇帝——宣统皇帝溥仪。她前前后后把持朝政四十多年，成为清朝末年政坛上最具权威的人物。而她死后不到三年，清朝末帝宣统皇帝逊位，被中华民国取而代之。因此，从一定意义上说，后妃的垂帘听政与中国帝制时代的宫廷政治几乎相始终。后妃当政时期所带来的外戚干政、裙带之风以及因此所造成的宫廷政治局势的云谲波诡复杂多变，也非只言片语可以道尽。唐玄宗时，在废黜王皇后以后，均未授予自己先后宠爱的武惠妃和杨贵妃皇后的名号，二人虽然都在宫中享受着尊贵的待遇，生活仪礼完全比拟皇后，宫中呼为"娘子"，但皇后的名号都是死后追谥。从唐玄宗以后，唐朝的后宫除了唐肃宗的张皇后外，再也没有活着的皇后。这对于被视为惑于女宠而误国的唐玄宗来说，对于后宫的控制实在是一个值得关注的现象。明朝朱元璋建国之初即下谕令定下家法："治天下者，正家为先。正家之道，始于谨夫妇。后妃虽母仪天下，然不可俾预政事。至于嫔嫱之属，不过备职事，侍巾栉"[①]，明朝后妃从此被严格限制在后宫的范围之内。明朝后妃的作用虽然

---

① 《明史》卷一一三《后妃传》。

51

不好一言以蔽之，而且在明朝末年后宫发生过著名的三大案（移宫案、梃击案、红丸案），但是后宫也都不曾直接干预朝廷政务。即使明神宗万历皇帝的母亲李太后，因为在司礼监秉笔太监冯保和内阁首辅大学士张居正的支持下由慈宁宫迁居乾清宫以监护万历皇帝起居，每"遇朝期，五更至帝寝所，呼曰'帝起'，敕左右掖帝坐，取水为盥面，挈之登辇以出"，动辄令万历皇帝长跪反思己过，还曾经下令皇帝草罪己御札，但也基本上是在宫中督促皇帝并利用大臣张居正等"具疏切谏"①，自己并没有在朝廷上发号施令。

明朝时期对于后宫的严格控制，也导致了这一时期的皇权运作出现了历史上极其奇特的状况，明后期的皇帝多年不与大臣在朝廷见面，是所谓宫门九重，君门万里，地远天高。

---

① 《明史》卷一一四《后妃传》。

三 东宫权力系统

——皇权继承制度

　　东宫权力系统的核心是太子。太子，国之储君，号称"国本"，是皇位合法继承人。以东宫代指太子，至迟从东汉以后就已寻常。为了确保皇帝享有家天下的权力，体现皇权的独尊，选立与培养太子，成为国之大事。按照《白虎通》的说法："国在立太子者，防篡煞，压臣子之乱也。"①

　　秦始皇建立皇帝制度，因为追求长生，对于身后事并没有认真准备，加上他自己暴死沙丘，使得身后继位的二世胡亥被视为"诈立"。西汉建国，刘邦君臣总结秦灭亡的教训，认为秦始皇不早定公子扶苏使胡亥诈立，自使灭祀，把没有及时选立皇位继承人视作导致秦二世而亡的重要原因。故而刘邦称帝之初，就预先选定了刘盈为太子。这是帝制时代预立皇太子制度的开端，并一直延续到清朝康熙末年。到清朝雍正年间，开始废除预立太子制度，代之以秘密建储制度。

---

　　① 《白虎通疏证》卷四《封公侯》。

从帝制时代皇位继承人的选拔来看，无论是预立太子还是密建皇储，只是方式方法上的变更，皇位继承人的选择制度并没有改变，这成为确保皇权延续与过渡的重要制度。此所谓"建太子，所以重宗统，一民心也"①。

选立皇太子，关乎国运，历代均极为重视。天子立嗣，国之重典。皇太子系国之储君，选立太子如同皇帝登基一样，要有一个隆重的册立礼仪。以唐朝为例，凡系临轩册命皇太子，皆先要卜日，告圆丘，告方丘、太庙，并先一日在太极殿设御幄及皇太子位。行礼当天，皇太子具服，远游冠，绛纱袍，百官以礼如列，其中严、外办、如次、鼓吹等皆有常仪②。中书侍郎以册案玺绶进授中书令，中书令再各以册、玺授予皇太子，太子拜受，退授太子左庶子，皇太子由舍人引出，侍中跪奏"礼毕"，然后，皇帝离御座，兴乐鼓吹，群臣依次而出。立为太子者"若未冠，则双童髻"，册命常行内册礼。若系内册皇太子，仍需先行卜定吉日，告圆丘、方丘、太庙诸仪如临轩册命之礼。唯设册使位次于重明门外道西，铺床席，并设宫臣文武官次于东宫朝堂，皇太子位次于内庭之庭殿间，这与临轩册命、百官群集于太极殿不同。太尉、司徒受命出朝堂至东宫主持册命，左庶子进由太尉处受册、玺绶，退授皇太子。内册礼毕，太尉、司徒仍乘辂诣

---

① 《资治通鉴》卷四三。

② 《通典》卷一二五《礼典·嘉礼四·临轩册命皇太子》。

朝堂复命，称"奉诏册皇太子，礼毕"，由中书令奉闻圣上。内册之礼虽不如皇帝临轩册命仪式隆重，仍然仪有常式，存之礼典①。凡册礼成，诏告天下，并颁布全国大赦文。

对于如何选立继承人，至迟从西周时期，就确立了"立嫡以长不以贤，立子以贵不以长"的原则。所谓嫡子，就是嫡夫人（皇后）所生之子。嫡长子就是诸嫡生之子中最年长者。选立太子的嫡长原则，其实就是排除非嫡生之子以及嫡生之子中年齿非长之子的继承权。在古人的认识中，之所以立嫡以长不以贤，是因为其贤与不肖不可预知也；立子以贵不以长，则是为了"防爱憎也"②。立嫡以长的选立原则，本身就排除了贤能之人，排除了人为因素，自然使制度落实的成本加大。

但是，在宫廷政治的实际运作中，这一原则往往会受到挑战。其中既有客观原因，更有主观因素。客观原因是往往没有嫡长子，皇后无嗣就导致这一原则无法被贯彻。主观因素一则是皇帝对嫡长子失望不满，二则是非嫡长者窥伺经营，三则是朝廷权臣对嫡长子的排斥攻讦，四则是后宫争宠致对嫡长子的谗毁陷害，等等。总之，是宫廷政治格局中不同权力系统对于嫡长子的冲击，使嫡长继承原则在实际的宫廷政治运作中并没有得到很好贯彻，同样由于上述主客观因素的

---

① 参见《通典》卷一二五《礼典·开元礼纂类二十·嘉礼四·内册皇太子》。

② 《白虎通疏证》卷四《封公侯》。

存在，已经选立为太子者也是危机四伏，充满陷阱。

因此，围绕继承人的选择，在宫廷政治格局之中发生政治动荡，引来血雨腥风，造成宫门喋血。刘邦在位时，立吕后长子刘盈为太子，因为宠爱戚姬，偏爱其所生赵王如意，一度动念废立太子。这是预立太子制度刚刚确立时发生的一幕。有人统计，秦汉 28 个皇帝以嫡子即位者仅西汉惠帝、元帝、成帝 3 人，东汉无一人嫡出，两宋 18 个皇帝中只 3 人嫡出，明代 16 帝仅 5 人嫡出，更多反而是按照立长的办法①。另如隋唐两代，以长子身份得立为太子者甚多，但一直到唐玄宗和他的继承者唐肃宗之前，并不曾有由长子继统者，且宫廷政变、喋血宫门之事屡见不鲜，废长立幼等夺储之事并不少见，以皇长子即位者有唐代宗李豫（肃宗长子）、德宗李适（代宗长子）、顺宗李诵（德宗长子）、宪宗李纯（顺宗长子）、敬宗李湛（穆宗长子）、懿宗李漼（宣宗长子）等②，不足唐代 21 位君主的 1/3。故有史家说"唐代之太子实皆是已指定而不牢固之皇位继承者"③。虽然唐朝长子嗣位者不占多数，且有兄终弟及、叔侄相继等情形，但立长原则一致在选立储君时凸现。唐睿宗时，太平公主与太子李隆基交恶，意欲改易太子人选，就使人传布流言，说"太

---

① 杨鸿年、欧阳鑫：《中国政制史》，安徽教育出版社，1989，第 25～26 页。

② 参见《唐会要》卷一、卷二《帝号上、下》及《新唐书》诸帝本纪。

③ 陈寅恪：《唐代政治史述论稿》，上海古籍出版社，1982，第 62 页。

子非长，不当立"①，就反映出仍以立长原则为法宝并成为打击非以长而立者的工具。唐玄宗时高力士所言之"推长而立，孰敢争"②，也是基于这一法则。一般来说，明朝较好地执行了嫡长子继承原则，但是朱元璋后继者建文帝时就发生了朱棣的"靖难之变"，即位的永乐皇帝朱棣是朱元璋的儿子、建文帝的叔父。这一状况其实与确定继承人用以"防篡煞，压臣子之乱"的初衷相悖。

皇位继承除了父子相继之外，历史上更有兄终弟及、叔侄相继等情形存在。清人赵翼在《廿二史札记》中就有《晋帝多兄终弟及》一篇专论两晋皇位继承过程中兄终弟及的情形。不仅两晋时期，唐朝时唐中宗和唐睿宗都是唐高宗的儿子，唐敬宗、唐文宗、唐武宗兄弟三人均为唐穆宗的儿子，唐僖宗和唐昭宗兄弟二人还是唐懿宗的同一个妃子所生。北宋太祖赵匡胤和太宗赵光义也是兄弟相继为君。明朝兄弟相继的皇帝更多，像明代宗景泰皇帝朱祁钰和英宗正统皇帝朱祁镇、明世宗嘉靖皇帝朱厚熜和明武宗正德皇帝朱厚照、明思宗崇祯皇帝朱由检和明熹宗天启皇帝朱由校均是。元朝时继武宗而立的仁宗皇帝也是兄终弟及。至于像南朝刘宋、萧齐，五代后梁、后唐，兄弟相继也所见不鲜。兄终弟及不仅有悖于立嫡以长的原则，连父子相继的规矩都打破了。不仅如此，不同班辈如

----

① 《资治通鉴》卷二一〇，睿宗景云元年十月条。
② 《新唐书》卷二〇七《高力士传》。

叔侄相继的情况也同样存在，如唐宣宗则是继唐武宗之后以皇太叔身份即位的皇帝，唐宣宗按照辈分是唐武宗的叔叔。东晋简文帝是晋元帝的儿子，他是继晋废帝海西公在位的皇帝，辈分都是晋康帝的叔叔，所以辈分还要高出晋废帝。这些与父子相继相违背的权力继承背后，一般都会有废帝、少帝、庶人出现，每一个称号出现的背后都会有一个皇位废立的血腥故事，每一段故事都可圈可点，不乏宫闱隐秘、尔虞我诈甚至刀光剑影。像南朝刘宋废帝时，就对于他的几个叔父心存畏忌，"恐其在外为患，皆聚之建康（京师，今南京），拘于殿内，殴捶陵曳，无复人理"。其中的一个叔父即时为湘东王的宋明帝刘彧，因为身体肥壮，晋废帝把他装在特制的竹笼之中，戏称"猪王"。还用木槽盛饭，地上挖一大坑，放上泥水，令叔父裸体在坑中，用嘴直接到木槽中吃食，对宋明帝极尽污辱之能事①。晋废帝又因为晋太祖文帝和世祖孝武帝都是在兄弟中排行第三而称帝，就对孝武帝的三子刘子勋心生厌恶，曾派人送他毒药想要将其赐死。结果，引发了一场政治动荡。

因此，历代为了确保太子的继承权，往往会在继承人选立之后辅之以严格的培养训练制度。

自两汉以来，东宫职员就因"拟职上台，辅翊帝嗣"②而多以亲重大臣授任。像刘盈为太子，叔孙通、

① 《资治通鉴》卷一三〇，宋明帝泰始元年。
② 《册府元龟》卷七〇八《宫臣部》。

张良等人均任职太子师傅。设太傅（保、师）、少傅保育太子是沿用设立三公保育幼在襁褓之中的周成王之旧例。所谓太保，保其身体，太傅，傅其德义，太师，导之教训。而太子师傅向称三公、三少，所谓少保、少傅、少师，均德义孝悌学术名闻天下的有道之士，使其与太子居处出入，形影不离，从而使太子"见正事，闻正言，行正道"①，可谓煞费苦心。清康熙皇帝说过："自古帝王，莫不以预教储贰为国家根本。朕恐皇太子不深通学问，即未能明达治体，是以孳孳在命，面命耳提，自幼时勤加教育，训以礼节，不使一日遐免。"② 确立对太子的严格赞导、教育制度，是为了皇太子熟悉治道，谙练国家体制运行的奥妙，以便能够在承继大统后很快进入角色、行使权力。有的时候，为了防止后宫势力对太子人选的影响，不惜矫枉过正，采取对太子生母加以人身消灭的办法。像汉武帝立儿子刘弗陵为太子，就将其生母钩弋夫人赐死。此举历史上并非个例。北魏开国之君道武帝拓跋珪就曾立下祖宗家法：子贵者，母先死。就是说，凡是皇子被立为太子者，生母便要赐死。宫中嫔妃在相互祈祷或者祝福时，都表示愿意生子为诸王或者生个公主，而不愿生子，更不希望自己的儿子被立为太子。一直到北魏宣武帝时才废除了这一祖宗家法。

①　贾谊：《新书·保傅》，转引自周良霄《皇帝与皇权》，上海古籍出版社，1999，第157页。

②　《康熙起居注》，转引自周良霄《皇帝与皇权》，上海古籍出版社，1999，第158页。

从制度建置来说，东宫机构形成了一个相当完备的权力体系，对于身为储君的太子而言，东宫体制虽然也包括在中央政治体制的系统之中，但东宫体制正是一个缩微的朝廷或者说是一个"准朝廷"。这里，我们仍以《大唐六典》记载唐朝东宫体制的框架为例加以说明。

隋唐东宫官署的设置承袭前代而有所厘革、调整。比如：（1）设太子三师、三少（太子太师、太傅、太保，太子少师、少傅、少保）与太子宾客，各掌对太子的辅导教谕与侍从规谏，赞相礼仪之职，其官不必备设。（2）设太子詹事府，置詹事、少詹事等职，掌"统东宫三寺（家令寺、率更寺、仆寺）、十率府之政令，举其纲纪而修其职务……凡天子六官之典，皆视其事而承受焉"①，凡敕令及尚书省、左右春坊符、牒下东宫诸司及东宫诸司之申上文案，均经由詹事府负责。（3）设左右春坊。左春坊，隋朝称门下坊。设左庶子、中允、司议郎等，掌侍从、赞相礼仪，驳正启奏、监省封题，印署覆下太子令书，送詹事府。其职掌与门下省之侍中、侍郎、给事中相似。其左谕德、左赞善大夫职掌教谕、规讽，有与门下省之左散骑常侍与左谏议大夫之职相当之处。下属崇文馆，"其课试、举选如（门下省）弘文馆"；又有司经局，掌东宫四库之图书，职与秘书省相类；其所设典膳局、药藏

---

① 《大唐六典》卷二六《太子詹事府》与《旧唐书》卷四四《职官志三》，本节中引文同此卷者不另详注。

局、内直局、典设局之职掌，类同于殿中省下设尚食、尚药、尚衣（兼含门下符宝郎之职掌）、尚辇、尚舍者局之事责；宫门局职掌与门下城门郎相似。右春坊，隋称为典书坊。设右庶子、舍人，通事舍人等，右春坊（典书坊）制度大体与中书（内史）省相似。右庶子、中舍人，掌侍从、献纳启奏，宣传令言；右庶子在东宫职拟中书令，中舍从职拟中书侍郎；太子舍人掌侍从、行令书、令旨及表、启之事；太子通事舍人掌导引东宫诸臣辞见之礼及承令劳部之事，职同中书省之舍人、通事舍人；右谕德与右赞善大夫职比中书省之右散骑常侍、谏议大夫，其制度如左春坊之同于门下省一致。（4）太子内坊，自隋文帝时始置。设典内等掌东宫阁内之禁令及宫人之衣食赐予等开支，其制度如同内侍省之内侍、内常侍。（5）太子内官及司闺、司则、司馔所分领之掌正、掌书、掌筵（司闺领之）、掌严、掌缝、掌藏（司则领之）、掌食、掌医、掌园（司馔领之），其制度也比拟于内宫及宫官六尚。（6）家令寺、率更寺、仆寺，于东宫受统于詹事府，其职掌与朝廷诸寺、监相类同。如家令寺掌太子饮膳、仓储、库藏，与光禄、太府、司农诸寺制度略相似。（7）太子十率府，即左右卫率、左右司御率、左右清道率、左右监门率、左右内率，各统东宫兵仗羽卫、巡警等事，与朝廷之十六卫羽卫京师、宫禁毫无区别。上述说明，隋唐东宫体制已相当完备，并且与中央朝廷之政治体制构成了极其密切的对应关系。这一设计的政治意义正在于保证太子能够以储君身份谙练治道，为准备日后皇权的顺利交接过渡历经磨炼。像唐高宗时李弘为太子，即出于"为政之方，义资素习"的考虑，特降诏令皇太子"每五日于光顺门内坐，诸司有奏，事小者并启皇太子"[1]。这样一来，太子可借此"接对百僚，决断庶务，明习政理"[2]。故此，每当先皇晏驾，遗诏中常令皇太子"柩前"（或灵前）即皇帝位，以免在权力交接过程中出现权力的真空，此所谓"宗社存焉，不可无主……军国大事，不可停阙"[3]；"天下至大，宗社至重，执契承桃，不可暂旷"[4]；新君立即登基，就是为"觐祖宗之耿光，绍邦家之大业"[5]，永葆宗庙、社稷之固。元世祖忽必烈曾诏令皇太子参决朝政，明太祖朱元璋也下令朝廷政事启皇太子裁决奏闻。

从隋唐时期屡屡出现的以皇太子监国的情形，我们也可从一个侧面透露出何以东宫体制比拟中央朝廷的玄机。所谓太子监国，即是总领百官，代摄国政。即由皇帝"委以赏罚之权，任以军国之政，……其宗庙社稷百神，咸令主祭，军国事务并取决断"[6]，监国之日，皇太子俨然若君临天下，其东宫体制也随之升级。据《大唐六典》记载云："若皇太子监国，詹事及左、右庶子为三司使，则司直一人与司议郎、舍人分

---

① 《唐大诏令集》卷三〇《大帝命皇太子领诸司启事诏》。
② 《旧唐书》卷七八《张行成传》。
③ 《唐大诏令集》卷一一《太宗遗诏》。
④ 《唐大诏令集》卷一一《大帝遗诏》。
⑤ 《唐大诏令集》卷一一《德宗遗诏》。
⑥ 《唐大诏令集》卷三〇《太宗征辽命皇太子监国诏》。

日受启状，详其可否，以申理之"（按，唐之三司，即御史台、中书省、门下省长官），"大事奏裁，小事专达"，权力极大。另外，"凡三司理事，（侍御史）则与给事中、中书舍人更直于朝堂受表"①。如此看来，太子监国之日，太子詹事与左、右庶子已可掌同中书、门下、御史台官员，其司直与司议郎、舍人与侍御史、给事中、中书舍人的某些职掌也有相合。即使"三司使"按胡三省的说法是"御史中丞、中书省舍人、门下省给事中"②，东宫官在太子监国之时担任此职，已超越了东宫官属的藩篱。不过，如果皇太子动有逾矩，超出了皇权允许的范围，就很有可能招致疑忌被废黜。像隋文帝时，太子杨勇在元宵节按君臣礼仪接受群臣的朝贺就招致父皇的不满。元世祖忽必烈的真金皇太子主政思路与之不相吻合，最后也走上绝路。唐玄宗时曾将皇太子李瑛与另外两个皇子同时废为庶人并处死，制造了所谓"三庶之祸"，后来仍然选立李亨（即后来的唐肃宗）为皇太子。其出发点在于要求皇太子的立场要符合皇权的需要。唐玄宗时期还改变了皇太子的政治生活空间，使"太子不居于东宫，但居于乘舆所幸之别院"③，东宫不再是皇太子生活与接受政治训练的场所，这一变化对皇太子为中心的东宫权力系统以及唐朝宫廷政局势必产生极大影响。

显而易见，皇帝对继承人既要精心培养，又要严

---

① 《大唐六典》卷一三《御史台》。
② 《资治通鉴》卷二二五，代宗大历十四年六月条胡注。
③ 《旧唐书》卷一〇七《玄宗诸子传》。

加防范，这常常导致皇太子与现实皇权之间的关系十分微妙。皇太子为了能够顺利继承皇位，必须按照父皇的意愿和制度规范循规蹈矩。像汉成帝刘骜做太子时，父皇汉元帝急召其入宫，他由桂宫出南门一直往西到城门绕过驰道（御道），再向东折返到未央宫北面，由别门入宫觐见。当汉元帝问他为何迟到，他表示自己不敢逾越驰道，因为这是专供皇帝使用的，以此赢得汉元帝欢心。① 有时不惜要用假象蒙蔽皇帝，像隋炀帝杨广当年为了表示自己不近女色，他明着只和自己的萧妃一人居住，其他妃妾即使生了孩子，也让人弄死。遇到父皇和母后到他的住处，就事先把貌美的宫女藏匿起来，只留老丑者，还故意换上粗布衣衫。

除此之外，皇太子还要仔细应对和认真对待宫廷政局之中其他的权力集团。在围绕皇位继承的演进过程中，皇太子常常经受来自不同层次的诸多权力集团的考验与煎熬。生死、废立往往在一念之间，皇太子往往是手足无措，左右为难。清朝人曾经描述过作为王子的处境："论者谓处庸众之父子易，处英明之父子难；处孤寡之手足易，处众多之手足难。何也？处英明之父子也，不露其长，恐其见弃；过露其长，恐其见疑，此其所以为难。处众多之手足也，此有好竽，彼有好瑟；此有所争，彼有所胜，此其所以为难。"② 显然，父子兄弟、内廷外朝、帝后朝臣、外戚阉宦、

---

① 《汉书》卷十《成帝纪》。
② 《文献丛编》第三辑，转引自周良霄《皇帝与皇权》，上海古籍出版社，1999，第154页。

权臣武将，错综复杂，皇太子往往成为宫廷政治斗争的聚焦点。为了解决预立太子制度之下无法破解的两难困境，到雍正继位后，就不再预立皇太子作为皇位继承人，代之以秘密建储制度。

秘密建储制度，就是取消了预立太子的制度。所谓密建皇储，就是皇帝将自己在儿子中选定的继承人名单写好，放置在一个特制的锦匣之中。锦匣子被放置在乾清宫"正大光明"匾额的背后。这里属于内宫，又是宫中很高的一个所在，位置相对安全。同时，皇帝另外书写一道相同内容的密旨随身携带，以备与锦匣的内容相核对。在皇帝驾崩之前，任何人不得就继承人人选提出建议，也不得探听过问。如果在此过程中皇帝改变主意，更换人选，也秘而不宣，一切出于圣裁。皇帝驾崩，就公布其生前决定的人选，并按照有关礼仪确定即位的新君。

雍正登基后，确立秘密建储的办法，与他康熙时期所经历的诸兄弟之间争储的激烈斗争密切相关。

康熙皇帝是清朝第一个公开立储的皇帝。康熙亲政后就选立了他的嫡子胤礽为皇太子，康熙晚年曾因对太子失望将其废黜后囚禁，后来因为诸王子结党，觊觎皇位继承权，康熙又一度恢复了嫡子的太子之位。然而康熙最终仍然褫夺了胤礽的太子之位。康熙对皇位继承人的两度废立，一方面使自己陷于选立的困惑之中，另一方面使诸王子之间谋求储位之争白热化。康熙晚年太子废立无常，成为历史上一难解之谜，皇四子胤禛即雍正皇帝得立也一直为后世揣度。然而，雍正皇帝个人的政治生活经验对于他决意实行秘密建储产生了重大影响。秘密建储制度的首要意义是不再坚持两千年来被倡导的立嫡以长原则。不过，此举并没有废黜父子相继的基本原则，也就是说，在皇位继承人的候选人中，无论嫡庶长幼贤愚，继位者都是皇帝的儿子。另外，继承人也是由皇帝在生前确定，与预立太子制度最大的区别就是不再向任何人包括被选立者明示其决定。雍正此举，确保了皇帝在继承人人选上的全部和最终决定权，排斥了宫廷政治格局中其他任何权力系统的干扰。同时，由于不预先昭示太子人选，就避免了皇太子成为诸皇子之间的一个矛盾焦点，避免发生诸皇子之间为了争夺储位导致倾轧较量、结党营私，同时因为不知道谁将有资格被选定为继承人，还可以激励诸皇子积极上进，避免娇纵懈怠。雍正以后，继位的乾隆皇帝是四子，嘉庆是乾隆皇帝第十五子，道光是嘉庆皇帝次子，咸丰是道光皇帝第四子。一般史家的评价中，乾隆、嘉庆、道光、咸丰诸帝才干德业虽有差异，但是他们都不是懒惰无能的皇帝。而且，在他们权力交接之际，基本上保持了平稳过渡，也没有发生倾轧争夺的宫廷变故。同治是咸丰皇帝长子，但是以6岁冲龄御太和殿即皇帝位，慈安皇太后、慈禧皇太后分别被尊称"母后皇太后"和"圣母皇太后"御养心殿垂帘听政。同治皇帝19岁死于养心殿，无子嗣位，于是垂帘听政的慈安皇太后、慈禧皇太后召集诸亲王贝勒、御前大臣、军机大臣、内务府大臣等以"懿旨"确定了光绪皇帝继嗣继统，两宫皇太后依旧垂帘听政。慈禧太后定策立光绪皇帝并再次垂帘听政。光绪成年和大婚后，她虽几次名义上归政，但无意交权，一直以"训政"名义裁决军国大政。光绪 38 岁时幽死于瀛台涵元殿，3 岁的溥仪入承大统，为嗣皇帝，是为清朝最后一个皇帝——宣统皇帝。显然，同治以后的皇位继承仍然没有脱离于宫廷政治之核心权力之外。慈禧太后在同治以来把持朝政四十多年，在清朝末年政坛上成为最具权威的人物，正是因为她的垂帘听政，所执行的也正是国家最高权力。不过，同治以来由皇太后定策决定皇位继承人对于清朝国运产生何等影响，则是另外一个问题。

有学者评价说，雍正以后的清朝皇帝个人素质较高，与雍正确立的秘密建储制度有关。这样的评价应该是有一定道理的。

四　宰辅权力系统

——宰相机构与宰相权力

宰相，除了在辽代之外，从来不是一个职官名称，而是对辅佐皇帝行使权力、听命于皇帝、总领朝廷百官、处理政务的最高行政长官的通称。宰相职名与权力历代不同，每一朝代也常常发生变化。因而，宰相在各代的名称也不尽相同，有关的制度与运行机制也各具特色。

历代宰相机构的设置，大致有以下几次较大的变化。

一变在秦汉时期。秦之独相变为三公体制。秦称丞相，"上承天子，助理万机"。西汉以丞相（相国）、太尉、御史大夫鼎足承君，号称"三公"，不过，其秩次印绶到汉成帝绥和改制后才趋于平等。

再变在魏晋南北朝隋唐时期。三公体制自魏晋以来，承继汉武帝以后尚书台地位隆升的大势，被尚书台取代，进而出现了尚书省和中书、门下的崛起，到隋唐时期形成了所谓的三省体制。唐三省体制即所谓中书出令、门下封驳、尚书执行。三省不仅有分职也有共责，即要共议国政，共同向天子负责；官员品阶允有高下，但在议政、决政时的地位并无上下高低之分，三省长官共同行使宰相职权。隋唐时期宰相制度的发展变化主要体现在三省体制的发展变化。三省长官在行使宰相权力过程中，逐渐形成了固定的议政、决政的办公场所——政事堂，唐玄宗开元十一年（723年）时，中书令张说奏改政事堂为"中书门下"，其政事印改为"中书门下之印"，唐朝国家中枢决策体制更加完备。唐朝虽然在唐玄宗时期出现过李林甫、杨国忠等所谓"权相"，但是再无权臣谋篡，甚至没有了权臣干政。宰臣从此被严密控制在皇权政治格局之下，朝臣地位逐渐下降。

三变为唐宋时期。即唐朝三省体制被政事堂取代，进而成为"中书门下"体制的趋势固定下来。宋代则是在政事堂的外壳之下，实行"二府"（即政事堂号称政府、枢密院号称枢府）三司（盐铁、度支、户部，号称计相）体制。宋神宗和南宋时期的机构调整则都是借唐朝三省体制的框架，没有实质的变更。到元代则是以中书省作为宰相机构。

四变是明朝洪武年间朱元璋废除中书省即宰相，以皇帝之尊直接君临百司，成为政府首脑。朱元璋此举，等同于废除了行之千余年的宰相制度，从此宫廷政治之中的权力系统仅可以称为辅政之司。

五变是明朝内阁的定型。内阁由朱元璋时从翰林院选拔的文学侍从之士兴起，最初不参与机要，且职位卑微，到永乐皇帝时已可参与机要，备顾问。洪熙、宣德以后，除了承旨当差，开始能够批答奏章、提要诏旨。特别是提要奏章的"票拟"之责，多成为皇帝御批——"批朱"的蓝本。"票拟"就是内阁大臣把建议拟定后写在一张纸上，贴在奏章上，供皇帝批示时参考。因为批示用红字，所以称为"批红"。内阁成为皇权之下最为重要的辅政权力，内阁之倾轧往往在争夺票拟权。明朝中晚期，大多数的"批红"由司礼监的太监按照皇帝的意思代笔。司礼监秉笔太监"代天子批朱"，则太监牵制内阁的权力，明朝宫廷政治之中，外有内阁，内有司礼监，外有三法司，内有东厂、锦衣卫，外廷有派往地方的总督、巡抚，而内廷派往地方的也有镇守太监、守备太监，等等。内廷、外廷的机构相互制约，这也造成了内阁与宦官（同时涉及后宫）之间围绕皇权在宫廷政治格局中出现了新的政治配置关系。

六变是清朝军机处的兴起。清朝也曾设立内阁，但主要是日常事务，国家机要与决策开始有议政王大臣会议，直到乾隆时才取消。康熙时期还一度将南书房作为机要秘书处，类似明朝内阁撰拟诏旨，处理密折。军机处是雍正时期因国家对西北地区用兵临时设置的办事机构，因为其办事效率高，后成为一固定的辅政机构。一般事务性的朝廷公务与"明发上谕"，则交付内阁办理。军机处直接当值听宣，录副朱批奏折，办理秘密与机要，成为皇帝直接驱使的枢机办事机构。直到清朝末年，才被设立的内阁总理大臣取代。

历代宰辅之司的变化，遵循了一个基本轨迹：天子近侍机构逐步取代往日的宰辅机构成为新的宰辅机构，天子近侍之人逐步得到亲重成为宰辅人员。宰辅机构的最大变化不是旧的机构的废止，而是新的宰辅机构侵夺宰辅权力后的崛起。因而，宰辅权力系统的变化不是机构的废止，也未必是人员的调整，而是权力的转移与机构职责的变迁。

宰辅机构权力的转移，是要以皇权意志为轴心的。因而，在宫廷政治之中，宰辅与皇权之间的关系甚是微妙，君相权力之间既有矛盾与调整，又要求相互之间若合符节、彼此配合。

西汉宰相陈平所言于孝文帝"宰相者，上佐天子理阴阳，顺四时，下育万物之宜，外镇抚四夷诸侯，内亲附百姓，使卿大夫各得任其职焉"① 和丙吉所谓"宰相不亲小事"②，并没有贯穿到整个帝制时代。唐朝以前，宰相权力之形态下常常出现"权相"，并颇有权臣谋篡乃至发生禅代，如东汉末年之曹操父子、曹魏末年之司马氏、杨隋之代北周，等等。自唐朝以后，权臣虽非绝迹，但少谋篡之事。至于元朝灭宋、朱元璋建立明朝以及清朝顺治入关，均是外力发威而力取皇位，其改朝换代非如隋唐以前在旧朝之中完成"革命"。显然，唐宋以后官僚机构尤其是宰相机构的设计与运作在宫廷政治格局之中取得了巨大成就。一方面，这一权力设计确保了国家即皇帝的安全，排除了权臣谋篡，像清朝顾命大臣如康熙时的鳌拜虽则跋扈一时

① 《史记》卷五六《陈丞相世家》。
② 《汉书》卷七四《丙吉传》。

71

也终不免于被擒杀。另一方面，这一权力设计也使得朝廷大臣的政治地位日渐卑落。秦汉之际，宰相属于坐而论道之官，君相之间还颇有几分的礼遇。此《汉书》卷八四《翟方进传》所谓："丞相进见圣主，御坐为起，在舆为下。"及颜师古注：丞相有疾，法驾亲至问疾，薨，往吊。① 就是说，宰相觐见皇帝，皇帝如果坐着，要专门起立相迎，如果是在车子里，还要下车相见。宰相生病，皇帝要亲自或者委派专人探问病情。假如宰相逝世，皇帝还要前往吊唁。像汉初宰相萧何居开国功臣第一，赐带剑履上殿，入朝不趋。他晚年病重，汉惠帝亲自前往探视其病情，还就萧何身后人事安排任用曹参之事征求他的意见。

汉唐之际，皇帝探视臣下以示恩宠之事很是寻常。唐太宗时宰臣李世勣病重，赐其胡须作药引子。唐玄宗时宰相李林甫病重，也如法炮制。到宋代宰相朝觐，还可以站立庭前。到清代军机大臣则跪拜奏事，口称奴才。

君相权力配置的此长彼消，导致君臣关系发生重大变化。君相关系的变化调整，宰臣辅政理念与辅政方式也随之发生重大变化。宫廷政治结构与宫廷政局因此也就产生了诸多变化。

---

① 《汉书》卷八四《翟方进传》颜师古注曰："《汉旧仪》云皇帝见丞相起，谒者赞称曰'皇帝为丞相起'。起立乃坐。皇帝在道，丞相迎谒，谒者赞称曰'皇帝为丞相下舆'。立乃升车。"又，"《汉旧仪》云丞相有疾，皇帝法驾亲至问疾，从西门入。即薨，移居第中，车驾往吊，赠棺、棺敛具，赐钱、葬地。"

下 篇
历代宫廷政治生活简说

一　西汉前期宫廷政治

西汉开国皇帝是高祖刘邦。

刘邦打败西楚霸王项羽，在诸侯王的拥戴下，在汜水之阳定陶（今属山东）登基称帝，建国号为汉。定都长安（今陕西西安），刘邦册立吕雉为皇后，历史上称之为吕后或高后。

刘邦做汉王的第二年，立吕后所生的儿子刘盈为太子。刘盈性格仁弱，不得父亲的钟爱。刘邦所中意者，是戚姬所生的儿子赵王如意。戚姬是刘邦当年征战途中所纳，因其容颜俏丽，光彩照人，深受宠幸。刘邦对儿子如意，视若掌上明珠，常抱在膝上，情不自禁地说："此儿像我，此儿像我"，因而取名"如意"。虽然立刘盈为太子，刘邦却一直想改立如意。他曾说过："我决不能让刘盈位居这孩子之上。"戚姬也是日夜啼泣，软磨硬泡。因为刘邦多次想行废立之事，刘盈的太子地位一度岌岌可危。

有一次，刘邦和朝中大臣提及此事，御史大夫周昌表示坚决反对。周昌，沛县人，与刘邦同乡，"为人强力，敢直言"，刘邦也很惧忌他的刚直不阿。周昌口吃，盛怒之下说话更不连贯，但他态度鲜明："臣口不能言，但臣心期……期期知此事不可。陛下一定要废太子，臣期……期不奉诏"。刘邦见朝廷上有阻力，废太子之事就暂时搁下了。吕后深知"母以子贵"的道理，因此也积极活动，在朝廷大臣中寻求支持。

吕后首先得到太子少傅张良的指点，礼聘到世外高人商山四皓供奉在太子身边，得到鼎助之力。同时，她又得到太子太傅叔孙通的支持。大儒士叔孙通借一次觐见的机会，说古论今，向刘邦讲解太子不可废的道理。叔孙通说："当年晋献公因宠爱骊姬而废太子，立奚齐，使晋国内乱数十年不息，为天下笑柄；近者秦始皇以不早定公子扶苏，使赵高等奸佞乘机诈立幼子胡亥，自使灭祀，都是陛下亲见之事。当今东宫太子仁德孝义，天下皆闻；吕后与陛下，又是结发夫妻，早经磨难，同甘共苦，这些风雨往事，历历在目，陛下也不会忘怀。如此贤德母子，陛下何以忍心伤害他们呢？陛下一定坚持废长而立幼，臣将立死、血溅当场！"态度鲜明地反对刘邦废立太子。叔孙通又说："太子者，乃是国家之根本，皇帝之储贰。本一摇则天下振动不安，陛下岂可拿天下大事当儿戏！"过了几天，刘邦在宫里设宴，令刘盈入宫侍酒，太子便带上了作为宾客的商山四皓同往。刘邦从此清楚太子一定得到了高人点拨，明白了太子羽翼已成，难以动摇，刘邦不得不承认太子刘盈不可改易的现实。从此，刘邦对废立太子一事绝口不提。

其实，除了吕后为维护刘盈太子之位的政治经营外，从刘邦时期宫廷政治的格局来看，皇后个人的政治威望和地位也是刘邦没有轻易废立太子的重要因素。

刘邦建国后，以郡县、封国并行。立国规模既定，必须对郡、国进行有效管理。西汉初年，吕后佐助刘邦所做的工作当中，主要就是平衡各地诸侯王的关系，尤其是对付、控制异姓诸侯王。西汉初异姓诸侯王的存在，一直是刘邦的心病。这时的异姓诸侯王主要有七个：齐王韩信、梁王彭越、淮南王英布、韩王信、赵王张敖、燕王臧荼、长沙王吴芮，都是刘邦在楚汉之争中为了能合力击败项羽而先后分封的。他们封地跨有诸郡，手握重兵，控制一方，在汉初动荡的政局中，对刘邦的天子地位是一个潜在的威胁。吕后为了汉朝统治的稳定，出谋划策，尽心尽力，协助刘邦成功地解决了像韩信、彭越等战功赫赫的异姓诸侯王。汉代史学家司马迁曾评论说："吕后为人刚毅，佐高祖定天下，所诛大臣多吕后力。"所以说，吕后对于汉初政局产生了重大影响，这一影响在汉高祖刘邦在世之时就已经超越了后宫的篱墙。吕后积极地协助刘邦处理纷纭参错的朝廷事务，刘邦对她的政治才干也颇为赞许。这说明，这一对早经乱离的夫妻，在政治上有很多的共同点，惟其如此，她才能真正地发挥作用。"佐高祖定天下"，并不是一句虚话。

据史书记载，刘邦病危时，吕后曾很从容地对刘邦说："陛下百岁后，萧相国（萧何）若不在人世，应由谁来接任他的职务呢？"

"曹参可。"刘邦答道。"曹参以后呢？"吕后又接着问。"王陵可。不过王陵忠直憨厚，应用陈平来协助他。陈平谋智有余，但不足以独断，不能独任以大事。周勃重厚少文，是个粗人，但安我刘氏者，非周勃不可，可以用他为太尉，执掌武事。"刘邦答。吕后又追问："诸大臣之后，又当如何呢?"刘邦稍稍停顿一下，说道："祸福无常。你知道这些就已经足够了，再以后的事恐怕也不是你能够亲眼所见了。"不久，62 岁的刘邦在长乐宫驾崩。

刘邦死后，太子刘盈顺利继位，是为历史上的汉惠帝。吕后被尊为皇太后。

刘邦一死，吕后就对戚姬和赵王下了黑手。吕后命人将戚姬囚于永巷，剃光了她的满头秀发，穿上赭衣囚服，带着刑具，罚她做舂米的苦役。吕后为了彻底断绝戚姬指望儿子再有出头之日的念想，命人去邯郸将赵王如意召至长安。起初，使者三番五次，都被刘邦安排的赵王的相国周昌以种种理由挡了回去。吕后为了达到目的，竟然釜底抽薪，再一次派使者到赵国先把周昌召到京城。然后，吕后再次派使者敦促赵王如意动身来长安。由于周昌的安排，当赵王来长安的路上，继位的汉惠帝亲赴灞上（今陕西西安东）迎接他入宫，并且留他在宫内饮食起居，形影不离，暂时保障了赵王如意的安全。

汉惠帝元年（公元前 194 年）十二月的一天拂晓，吕后趁着惠帝外出练习骑射的机会，派人入宫，将赵王鸩杀。吕后有意把除掉赵王的消息告知戚姬，并对她施以种种酷刑，制造了历史上著名的"人彘之祸"。

据《史记》记载："太后遂断戚夫人手足，去眼、熏耳，饮喑药，使居厕中，命曰'人彘'。""人彘"之彘即猪的意思。

吕后初为皇太后，为了稳固儿子刘盈的皇位，对于宗室亲王、朝廷大臣等施展了高压手段。

惠帝二年（公元前 193 年）十月，刘邦的庶长子、刘盈的异母兄齐王刘肥入朝。一天夜里，吕后召刘肥与惠帝夜饮。惠帝认为兄弟之间应按家人礼，就让刘肥上座，自己坐到陪位。刘肥没有谦让，安然落座，吕后很不痛快。她认为刘肥对皇帝不敬，担心日后对惠帝不利，便想杀了他。酒宴之上，吕后在两只酒杯中放了毒药，让刘肥向惠帝致敬，先干一杯。当刘肥举杯向惠帝致意时，惠帝觉得他是家兄，也端起另一杯酒站了起来。吕后一见，急忙将惠帝手中的杯子碰碎。刘肥知其中必有蹊跷，过了片刻便佯装醉倒，脱身出宫。但他知道吕后决不会就此放过他，便不敢外出一步。据野史说，吕后曾派人去刺杀刘肥。刘肥听人计策，将自己的封地城阳郡献给吕后的女儿鲁元公主为汤沐邑。这样一来，吕后认为他没有野心，终于放下心来，高高兴兴地让刘肥回封国去了。

据说，刘邦刚死的时候，吕后曾秘不发丧，她对幸臣审食其透露过这样的看法："朝廷元老大臣当年都与高祖平起平坐，北面称臣就怏怏不快，现在要让他们在我儿刘盈面前俯首称臣，心中定然更是不服，若不统统将他们诛杀灭族，天下恐难安定。"然而，事机不密，此事被曲周侯郦商得知，郦商告诫审食其说：

"听说太后要乘老臣奔丧之际，大加诛杀，此事若非虚传，那天下局势就不可收拾了。试看陈平、灌婴在荥阳有大军十万，樊哙、周勃在燕、代有大军二十万，若闻诸将遭诛，必定连兵回攻关中。到时候，大臣内叛，诸侯外反，高祖基业就会付之东流了。"吕后听罢，改变了初衷。不过，吕后对这些大臣还是放心不下。在严加防范之余，她又不得不加以使用。因此，萧何死后，按高祖刘邦的遗嘱，吕后任命曹参为相。之后又陆续任命王陵为右丞相，陈平为左丞相，周勃为太尉。这些元老也深知吕后的用意，表面上都对她恭恭敬敬。陈平为相不问政事，周勃任太尉不入军门，曹参更是照萧何旧制规范，所谓"萧规曹随"，实行"无为而治"。他们这样做，都是与吕后虚与委蛇。后来，吕后逐渐地委重审食其，任他为左丞相，但不亲自处理政事。吕后凭借自己的政治资格与声望，威慑着这帮老臣。

汉惠帝七年（公元前 188 年），23 岁的刘盈病死。刘盈即位以来，被称所谓"宽仁之主"，仁弱宽厚有余，果敢有为不足，尤其是见"人彘"之事后自暴自弃，终因病不听朝理政。汉惠帝自己的婚姻大事也听从皇太后的安排，惠帝四年（公元前 191 年）大婚之时的皇后竟是他同胞姐姐鲁元公主 12 岁的女儿张嫣。论辈分，张嫣是汉惠帝刘盈的外甥女。吕后如此安排，目的就是要亲上加亲，不能让外人占据皇后的地位，也就是不能在吕氏之外形成另一个外戚势力。不过，皇后张嫣没有生育。吕后移花接木，取其他宫妃所生男婴，谎称为张嫣所生，并将婴儿生母杀死。这一安排，仍然是为了亲上加亲，巩固权力地位。汉惠帝死后，吕后便立了张嫣领养的皇子为少帝，张嫣小小年纪也做了太后。吕后以太皇太后身份临朝称制。"王言曰制"，称制，本来是皇帝应有的权力。吕后便是继秦国宣太后以后的首位临朝称制者，也是大一统王朝中的第一位临朝称制的皇太后。吕后临朝代行天子之权，直接断决处理国家大政，成为西汉真正的掌权者。以后的七八年里，史书中则直接以"高后某年"记事，《史记》、《汉书》等正史中也为她专门立了帝王资格的"本纪"。

不几年，开始懂事的少帝不知怎么知道了自己的身世，他知道了自己本非张嫣亲生，生母已惨死于吕后之手，他曾咬牙切齿地发誓说："我怎能坐视生母被人害死还来自顾帝位？现在我还小，等我长大了，非给她点颜色看看。"吕后得知，以少帝病重为名将其关押，幽禁于永巷，降诏将少帝废黜，并召集群臣商议另立新君。群臣慑于吕后权威，唯唯诺诺，无有异辞。不久，吕后就杀死少帝，改立常山王义（弘）为帝，她依旧临朝称制。

自惠帝刘盈死后，两位皇帝均在冲龄，吕后更担心社稷不牢，宗祀不永，开始倚重吕氏外戚。据说，吕后哭吊儿子刘盈时干号无泪。张良年仅 15 岁的儿子、侍中张辟强看透了吕后的用心，对丞相陈平等人说："惠帝是太后的独子。现在死去，她竟哭而不悲，您知道为什么？""为什么？"陈平问。张辟强道："惠帝没有成年的儿子，太后对你们这些元老大臣心怀猜忌呀！要是请太后封其侄子吕台、吕产、吕禄为将，使其统率南北禁军，使诸吕入宫用事，太后有了靠山，才能心安，你们也可以幸免于祸。"陈平依计而行，吕后心里踏实了许多，果然就哭得哀痛了。

从这时开始，吕氏外戚势力开始正式崛起了。

不久，吕后又想大封诸吕。她在一次朝会上问右丞相王陵。王陵道："当年高皇帝与臣等刑白马而盟：非刘氏而王，非功而侯者，天下共诛之。今封诸吕为王，有违盟约。"吕后听了很不高兴，又问左丞相陈平和绛侯周勃。陈平等奏："高皇帝定天下，以子孙为王；现在太后称制，亦同于皇帝，欲封诸吕，无有不可。"吕后顿时喜形于色。退朝后，憨直的王陵责备陈、周等人失信先帝，阿顺吕氏，是属不义。陈平却说："对太后面折廷争，我等不如君；保社稷、全刘氏，君也不如我等。"事后，王陵被明升为太傅，实夺了他的丞相之权。

于是，吕后先后将吕台、吕产、吕禄、吕嘉、吕通和外甥张偃（鲁元公主之子）封为王爵，吕种、吕平、吕庄和妹妹吕媭等十几人以及亲信封为侯。同时，让吕、刘通婚，以便使两姓共结同好，以期荣辱与共。为此，她也很注意笼络刘氏宗亲。尤其对那些和吕氏关系密切的刘氏子弟，也同样加以封赏。如齐王刘肥的儿子刘章娶了吕禄的女儿为妻，被封为朱虚侯，吕后对他另眼相看，命其入宫宿卫。刘泽因为娶了吕媭的女儿，吕后也很痛快地封他做了琅玡王。

吕后在笼络刘氏宗族的同时，对那些敢不予合作者也毫不留情。刘邦的儿子刘友，后被封为赵王，对吕后强迫他娶吕氏之女为妻不以为然，对妻子不理不睬，反而宠幸其他女人。刘友之妻妒火中烧，在吕后面前告恶状，说他总想讨灭吕氏。刘友被吕后召入长安幽禁，活活饿死。刘友死后，梁王刘恢被改封为赵王，吕后又把吕产之女许配给他为妻，随嫁者都是吕家的人。妻子吕氏在家里擅权无状，连他本人也受到监视。刘恢闷闷不乐，后来他的爱妾被妻子鸩杀，他悲愤不已，也自杀而死。

刘邦的八个儿子中，有三个儿子遭到吕后的毒手。尽管如此，吕后当政期间，并没有篡夺汉室的打算，元老大臣与刘氏、吕氏势力之间尚能处于相对平安均衡的状态，汉初宫廷政局基本保持着稳定。由此足以看出吕后用心之良苦及其政治手段之高明。吕后作为实际的当权者，在她执政的日子里，获得了巨大成功。吕后时期，西汉社会政治经济的进步，正为号称帝制时代盛世的"文景之治"打下了基础。

吕后八年（公元前180年）三月，吕后为了消灾祈福去城外举行拜祭，归经轵道（今西安市东北）时，见到一个似黑狗的东西，突然跳到吕后腋下，吕后大惊，不一会儿，就已不见影踪。事后，吕后请人占了一卦，说是赵王如意的阴魂不散，在作祟。不久，吕后腋下出现病变，而且日益严重。到了七月，吕后竟一病不起，她顾虑到自己死后的政局，便任命赵王吕禄为上将军，统领北军，吕王吕产居于南军，控制形势。她对二人谆谆嘱咐："当年高皇帝与大臣有白马之盟，现在你们为王，大臣们实有议论。我死之后，皇上年幼，恐怕大臣发动变乱。你们一定要手握将印，控制兵权，把守宫门，也就不要再送殡了，免得被人乘机钻了空子，受制于人，谨记，谨记。"不久，吕后与世长辞，终年 61 岁。

吕后遗诏大赐诸侯王和将相百官，大赦天下。她以吕产为相国，并令吕禄女为少帝的皇后，仍然寄希望通过刘、吕联姻达到政治上的均衡。然而，吕后一死，凭借她自己的声望、地位与政治手腕维系着的宫廷政治的均衡关系破裂了。

很快，宗室齐王刘襄起兵西攻，声称要杀那些不当为王的诸吕，刘章在京城又相呼应，灌婴在荥阳的大军与齐王刘襄又相定约联合。京师之内，陈平设计，周勃单车入北军，骗取吕禄上将军之印，宣布"为吕氏右袒，为刘氏左袒"，北军将士一律左袒，于是控制了北军。随后分兵千余人，令刘章率领到未央宫中，将吕产追杀在郎中令官衙的厕所中。这样，又控制了南军。京城之内，吕氏成瓮中之鳖，束手待毙。吕禄、吕媭、吕通等先后被杀。周勃又令禁军大肆搜捕诸吕男女，"无少长皆斩之"。就连吕后所立的小皇帝，也恐其年长后反戈，被一并武装解送出宫，偷偷地杀掉了。

最后，刘邦的儿子代王——刘恒被拥立为皇帝。他就是历史上的汉文帝。从此，西汉历史进入了"文景之治"的太平之世。

二 西汉后期宫廷政治

汉武帝晚年，宫中因巫蛊之狱祸起萧墙，卫太子（戾太子）刘据被杀。卫太子的母亲卫皇后卫子夫，也受牵连而废死。汉武帝选立钩弋夫人所生之子刘弗陵，是为汉昭帝。

继汉昭帝之后登基的皇帝是汉宣帝，但是汉宣帝不是汉昭帝的儿子。汉宣帝的父亲是汉武帝卫太子的儿子，称为史皇孙。巫蛊之狱发生时，号为皇曾孙的汉宣帝刘询出生仅有数月，因祖父的株连被关押，直到 5 岁时才获赦。汉宣帝在大将军霍光（霍去病的异母弟）和大臣邴吉的拥戴下，登基即位。汉宣帝号称一代"中兴"之主，他在位时期，励精图治，选贤任能，百姓安居乐业。此间，凤凰云集，天降甘霖，屡现祥瑞之兆，一派太平景象。

到了他的儿子汉元帝时，汉宣帝以来的汉家基业渐渐衰败下去。西汉王朝从汉元帝时，开始走向没落。后经成帝、哀帝、平帝三朝，汉室更是每况愈下，到孺子婴时，被王莽的新朝取代。

汉元帝刘奭还在做太子时，最宠幸的妃子司马良娣病死，他因悲痛过度而生病，精神颓靡，郁郁寡欢，常常无缘无故地大发脾气，迁怒于其他姬妾，所以她们都不敢进见。汉宣帝了解到事情真相，很为太子担忧。为了顺适太子的心情，特命皇后从后宫家人子中选择可以服侍太子者，任由太子选入宫中。结果，王政君由宣帝后宫的家人子成了太子的妃子。汉宣帝甘露三年（公元前51年），王政君生一男婴。汉宣帝得到嫡长皇孙，喜悦之情自不必说。联想到后来成、哀、平帝都未能得子承袭国统以至于帝位虚悬，对汉宣帝来说，得此皇孙当然是值得庆贺的喜事。汉宣帝亲自为他取名"骜"（骜者，千里马也），字太孙，常把他带在身边，异常钟爱。

汉元帝为太子时，就奉劝其父重用儒生，被汉宣帝训斥一番，并断言："乱我家者，太子也。"曾一度想改立淮阳王为太子。黄龙元年（公元前49年），汉宣帝死去。汉元帝刘奭即位。年仅3岁的太孙刘骜被立为太子。王政君先由太子之妃升为婕妤，三天之后，又立为皇后。汉元帝即位后，汉宣帝以来的汉家基业渐渐衰败下去。

汉元帝后宫嫔妃众多，命令画工画像，由他根据肖像选定是否召幸。据说，那位有落雁之貌的美女王昭君就是因为画师没有好好为她画像，一直坐守冷宫，后来，远嫁匈奴呼韩邪单于为妻。此时的皇后王政君也遭受冷遇，汉元帝非常宠幸傅昭仪，因此对傅昭仪所生的儿子定陶王刘康十分钟爱，认为他多才多艺，"坐则侧席，行则同辇"，形影不离。渐渐地，对太子刘骜就不满意了。尤其是后来太子常饮酒作乐，不务正业，元帝更觉得他无德无能，不堪大任。因而，常常想废掉刘骜，改立刘康。这使王政君与太子都忧惧不安，茶饭无味。多亏了元帝的宠臣史丹多方斡旋，鼎力相助，才化险为夷。

一次，汉元帝病重，一人独寝，史丹借在宫中侍候的机会，跪到汉元帝卧榻之旁，涕泣满面地说："皇太子以嫡长子而立，已十几年了，天下臣民，无不归心。现在外面流言纷纷，传说陛下要改立定陶王，废当今太子，果真如此，公卿定然不会奉诏。臣愿先被赐死。"元帝见他情切意哀，明白废立太子一事阻力很大，喟然长叹："我也是左右为难。太子与定陶王都是朕之爱子，我怎能不替他们考虑？但念皇后（王政君）为人谨慎，遵法循礼，先帝又喜爱太子，朕岂能有违先帝于地下？你不要再多说了。我的病恐怕难以痊愈，到时候，还望你们好好辅佐太子，别让我失望才好。"就这样，太子刘骜的嗣君身份才没有改变。

竟宁元年（公元前 33 年）五月，43 岁的汉元帝病死。太子刘骜即位，这就是汉成帝。王政君被尊为皇太后。

汉成帝即位后，沉湎酒色，皇太后王政君乘机操纵了朝政。她得势之后，重用外戚，长兄王凤被任命为大司马大将军领尚书事。从此拉开了西汉王朝外戚专权的帷幕。王氏兄弟五人同日受封，有"五侯"之称，后来兄弟皆为列侯，其子弟辈也以卿大夫侍中列居诸曹，"分据势官满朝廷"。作为政府百官首脑的

"大司马大将军领尚书事"一职，王凤之后，依次为王音、王商、王根、王莽，几乎全为王氏垄断，基本上形成了王氏外戚把持朝政的局面。

从王凤上任开始，汉成帝就"谦让无所颛"。有一次，成帝召见大学问家刘向的儿子刘歆，见他引古论今，出口成章，通达博学，诗赋文章更是不同凡响，成帝就很高兴地要封他为中常侍，便命人取来官服，想正式任命，左右都提醒他说："此事尚未通报大将军，是否暂缓一下。"成帝认为："区区小事，不用告诉他了。"但左右深知王凤的权势，都叩头相争，成帝无奈，派人通报王凤。谁知，王凤坚决不同意，成帝也只好作罢。对此，成帝心里很不痛快。但王凤背后有皇太后撑腰，他也无可奈何。

汉成帝处在皇太后及其家族的操纵下，从此不再关心朝政，反而更加追求荒淫腐朽的生活。汉成帝即位后，立许氏为皇后。许皇后是汉元帝时大司马车骑将军平恩侯许嘉之女，成帝为太子时由元帝选配为妻。由于许皇后聪慧智达，善写文章，又工于书法，加上年轻貌美，从为太子妃到立为皇后，深得汉成帝的宠幸，后宫其他妃子很少能得到宠幸，因此，皇后之父许嘉权势日隆，使同时辅政的大司马大将军阳平侯王凤等人深感不安。汉家的传统，后父重于帝舅。当时有位叫杜钦的人劝说王凤："车骑将军（许嘉）是皇后之父，将军身为国舅，要对他尊敬，不要让他有何不快。小不忍则乱大谋，不可不慎。况且前车之鉴，有目共睹，愿将军明察。"对此态势，皇太后王政君和她的王氏兄弟们不肯坐视，借口许皇后专宠会影响皇帝继嗣不广，就减省后宫椒房殿（皇后所居）的用度开支，借以裁抑皇后的势力。在此前后，灾异不断，按当时人的天命观与阴阳五行理论，认为当归咎于后宫。原来，从汉成帝刚刚即位后的建始元年（公元前32年）正月，有白气出于营室，到九月，流星如瓜，出于文昌，贯紫宫，尾委曲如龙，临于钩陈，其后又有北宫井水溢出，南流逆理，数郡水出，伤人性命；后来又发生黄河泛滥，淹没陵邑，同时老鼠在树上筑巢，野鹊变了颜色，五月时有鸟自焚其巢于泰山；三月间，又大风自西吹来，刮动宗庙陵寝，扬裂帷席，折拔树木，顿僵车辇，毁坏房屋。诸如此类，都说明王者亡、后宫继嗣不广、贱人将起。这正给王政君与王凤兄弟对付许皇后找到了证据，连汉成帝也无话可说。许皇后无可奈何，由此宠爱日衰。许嘉也因汉成帝一纸诏书，借口家重身尊不宜以吏职俗务为累，赐黄金200斤，以特进侯退出辅政大臣之位。鸿嘉三年（公元前18年）十一月，做了14年皇后的许皇后被废黜于上林苑中的昭台宫，许氏宗族均被赶出京师回归原籍。

9年后的一天，汉成帝忽然怀念起与许后的恩爱生活，就下诏召还许氏亲属归京。结果，因为许后被淳于长蒙蔽寄希望他能够使自己重见天日，遂与他暗中书信来往。淳于长不是别人，而是王政君姐姐的儿子，是王政君的外甥，很受宠爱，出入禁中，担任侍中。淳于长见许皇后如此，心花怒放，他实际上根本不去为许皇后疏通，反而在回复许皇后的书信中对她大加

89

挑逗，声称事成之后应如何如何地酬谢他。事不凑巧，书信被汉成帝看到，他见淳于长如此大胆，十分恼怒，却不好去追究他的责任，以免引起王政君的不满，就把火全发泄在了许皇后的身上，遂逼迫已废幽多年的许皇后自杀于冷宫之中。

在许皇后被废之前，汉成帝还曾纳赵飞燕入宫。汉成帝想立赵飞燕为皇后，王政君嫌弃她出身微贱，有碍皇室体面，出面阻止，令汉成帝十分难堪。围绕着赵飞燕在后宫的地位，王政君对汉成帝百般刁难，使他无法随心所欲。后来，汉成帝竟然也是托淳于长多次向王政君求情，王政君才勉强同意，并按她的暗示先封赵飞燕的父亲为成阳侯，改变了赵飞燕的贫贱出身，瞒天过海。成帝一直折腾了个把月，方才如愿以偿。

赵飞燕在宫中，群美斗法，各显神通，引出了汉成帝后宫一系列的波澜。汉成帝坐拥美姬，享尽风流，好景不长，到绥和二年（公元前7年）三月，46岁的汉成帝暴死于未央宫。王政君因为对赵飞燕和她的妹妹赵昭仪在宫中的骄横早就看不顺眼，她下诏给大司马王莽并丞相、大司空等人："皇帝暴崩，众议哗然，传言甚多，掖庭令等人供职后宫，燕寝都有他们侍候，可着令与御史、丞相、廷尉合议，推问皇帝起居发病的详情，以正视听。"王政君诏书一下，赵昭仪自知罪孽深重，畏罪自杀。

赵昭仪死后，王政君就听到有人向她报告，说皇上本来有子嗣，只是没能活下来，原因是有人从中作梗，使她的皇孙们死于非命。汉成帝死前十几年的宫闱秘密被曝光。真相大白之后，竟是触目惊心，因事关汉成帝的名誉和汉室皇统，王政君虽没有等闲视之，却也是欲哭无泪。成帝后宫一案迁延数年，直到汉成帝的继承人汉哀帝死后，王莽又通过王政君，旧话重提，将时为皇太后的赵飞燕以"执贼乱之谋，残灭继嗣以危宗庙，悖天犯祖，无为天下母之义"贬斥，废为庶人，逼令自杀。

汉成帝死后，汉哀帝刘欣即位。刘欣是当年与王政君的儿子汉成帝刘骜争太子位的定陶恭王刘康之子，是当年元帝宫中王政君的情敌傅昭仪的孙子。汉成帝晚年无子承嗣，不得不在皇族宗室中寻找合适的人选来承继皇统。当时，最有希望的人选是汉成帝的弟弟中山孝王刘兴与侄子定陶王刘欣。

元延四年（公元前9年），中山孝王与定陶王均入朝觐见。定陶王率王国傅、相、中尉三官一道入朝，中山孝王惟独带一位王傅，汉成帝觉得纳闷，就问其原因。定陶王答："祖宗有定制，诸侯王入朝面圣，应率封国内二千石官同行。傅、相、中尉，都是封国内二千石，所以都可随从。"成帝又让他诵《诗经》，定陶王出口成章，且能通解其义，汉成帝心中甚喜。有一天，他问弟弟中山孝王："只带封国王傅入朝，是据什么法令呢？"中山孝王瞠目结舌，令其诵《尚书》，又是支支吾吾。后来汉成帝给诸侯王赐宴，中山王最后一个吃饱离席，起来时，袜子上系带又松开。汉成帝由此觉得中山王不如定陶王贤能，常常向王政君赞誉定陶王的才艺。这样一来，对于定陶王入继大统产生了重要影响。另外，随同前来的定陶王祖母傅太后也为孙子在宫中辛勤奔走，多方贿赂，首先打通了汉成帝最宠爱的赵飞燕姐妹的关节，送去了很多珍宝与特产，赵氏姐妹也听到过皇上赞扬过定陶王，自己更想借机巩固日后在宫中的地位，也就积极地替他争取；同时，傅太后还买通了喜爱钱财的骠骑将军、曲阳侯王根，通过王根等人讨好王政君。多管齐下，定陶王刘欣终于如愿以偿，绥和元年（公元前 8 年）二月，汉成帝下诏征定陶王刘欣为皇太子。

汉哀帝登基后，也想给自己脸上贴金，特地请求王政君准许追尊生父定陶恭王为恭皇，并加封祖母傅氏和生母丁氏为皇后。后来，他借口"汉家之制，推亲亲以显尊尊"，把傅氏由帝太太后改封为皇太太后，称永信宫，丁氏为帝太后，称中安宫，与太皇太后王政君称长信宫（后居长乐宫）并驾齐驱。这样，加上当时的中宫皇太后赵飞燕，哀帝时后宫共有四位皇太后。随着傅、丁两家的得势，她们也日益骄踞。傅、王两家的明争暗斗，使西汉宫廷政治更加腐败黑暗。

为了确保王政君绝对的国母地位，辅政的大司马王莽等人对傅、丁的势力也设法加以限制，这种限制又导致双方冲突的进一步升级。有一次，未央宫内大宴，有人给傅太后设帷座，并与首座的王政君并列。王莽看到后，立即板起面孔说："傅太后只是藩国的太后，怎可与至尊的太皇太后平起平坐？"言罢，令人立即撤掉了座位。王莽因此得罪了傅氏，事后，王莽不得不避其锋芒，在王政君的授意下提出辞职。

汉哀帝生活荒淫无度，他不仅广选美女，充斥后宫，而且宠幸男色，与美男子董贤打得火热，出则同车，入则同卧，赏赐无度，宠嬖无比。一天，他与董贤同卧，想要起床时，董贤正压着他的衣袖，为了不惊动睡梦中的董贤，就用剑斩断衣袖而起。从此，后世便留下了"断袖"（喻同性恋）的典故。有一次宫中宴会，哀帝当着群臣说，要效法尧舜，将皇位禅让给董贤。西汉宫廷政治的危机加剧了社会矛盾的激化。当时人称天下百姓有七亡而无一得，有七死而无一生，农民起义不断爆发。汉哀帝为了扭转汉历中衰的局面，竟荒唐地用改易年号等办法来自欺欺人。

不久，汉哀帝迫于朝野上下的压力，不得不以奉侍王政君为名，将王莽重新召回。元寿二年（公元前1年），汉哀帝死于未央宫。因为他没有儿子承继国统，王政君立即入宫，掌握了象征最高权力的传国玉玺。她起用王莽，委以军政大权，逼死董贤，立中山孝王的儿子刘衎即位，是为汉平帝。平帝年仅9岁，体弱多病。王政君虽然高高在上，王莽却逐渐地将她架空，掌握了实际权力。

王政君对王莽十分信任，认为他德才兼备。其实，王莽已有篡汉野心。王莽东山再起后，先让群臣请求王政君，以辅政幼主有功，封他为"安汉公"。不久，又设计说服王政君把他的女儿立为平帝的皇后，他又胁迫王政君尊自己为"宰衡"，国政皆听由安汉公决断。这样，王莽权力急剧膨胀。

为了更牢固地掌握手中的权力，王莽很注意在王政君眼中树立自己的美好形象。为此，他依旧表面上谦恭处事，以使朝廷官员颂扬他的功德。对王政君身边的宫人，无论地位高低，均大加贿赂，媚事拉拢，有时连王政君的婢侍生病，他也亲往探视，以讨王政君的欢心。王政君的几位姊妹都因王莽提议成了封君，食汤沐邑，她们自然也天天在王政君身边吹嘘王莽的慈善德行。

王莽见年逾古稀的王政君已不满足长年居于深宫之中，为了迎合她，便极为周到地安排她"四时车驾巡狩四郊，存见孤寡贞妇"，并煞费苦心地筹划她四季游玩的地点。从此，王政君春夏秋冬常在外游幸。在王莽的鼓动下，她还曾如愿到多年前与汉元帝欢会的太子旧宫中缅怀旧情，令她心情十分愉悦。

另外，王莽还特别注意用一些虚名来取悦王政君。像奉劝她不要总穿粗布衣服，更不要常减御膳，为了宗庙社稷，应"遵帝王之常服，复太官之法膳"等，显得特别关心她的饮食起居。正是通过对王政君的蒙蔽与奉承，王莽攫取了越来越大的权力。他自称"爵为新都侯，号为安汉公，官为宰衡、太傅、大司马，爵贵号尊官重，一身蒙大宠者五"。汉平帝元始五年（公元5年），王政君赐王莽九锡，这是给予诸侯大臣无比荣宠的赏赐。这时，王莽已位极人臣。

王莽的发迹，恰是王政君裙带政治的结果。元始五年十二月，年幼的汉平帝死去。平帝无子继位，皇室成员中汉元帝一宗已经绝嗣，汉宣帝曾孙辈中封为侯王者数十人，但均已年长。王莽为了控制新君，遂从宣帝玄孙辈中选了年龄最小、年仅 2 岁的广戚侯子刘婴。他欺骗王政君说，经过占卜，立婴最吉，王政君只能同意。接着，又有人奏请王政君立婴为孺子，令王莽仿当年周公辅成王的先例"践祚居摄"。王政君想以"丹书符命，实诳罔天下，不可相信"来抵制王莽的政治野心，但大势已难挽回。王政君无奈下诏答应王莽称摄皇帝，南面朝群臣，听政事，冕服礼仪"皆如天子之制"，并改元称"居摄元年"。

王莽以"假皇帝"的身份摄知国政的消息传出，宗室安众侯刘崇及东郡太守翟义等移檄郡国，举兵讨莽。王政君闻讯，曾说："到底还是人心不相远。我虽是个妇道人家，也知道王莽一定会因此日子不好过。"然而，王莽仍借她的名义堂而皇之地镇压了反对派。

成、哀、平三朝，皆绝国统，无嫡嗣位，帝位虚悬。皇位继承，听由王氏。汉家基业已如大厦将倾。很快，王莽对自己的"假皇帝"就不满足了。不久，王莽撕下了谦恭的面具，直截了当地向王政君提出：在号令天下和天下奏事时，将"摄皇帝"的"摄"字去掉，仅在王政君和孝平皇后面前称假皇帝。王政君也不得不答应下来。王莽逼宫，正是她手植的苦果！

几天以后，王莽索性头戴皇冠，拜过王政君后，便在未央宫前殿即真皇帝位，定国号"新"，纪元称始建国。这一事件历史上称为新莽代汉。

新莽代汉，制度尚古，对汉朝制度全部改弦更张。王莽难以容忍王政君汉朝太皇太后的身份。于是亲率诸侯群臣，给王政君改上尊号，称"新室文母太皇太后"，意在断绝她与汉家的旧缘。汉朝人班彪曾说："王莽得势，正是因为王政君历汉四世为天下母，飨国六十余载中，委重外戚、授之国政的结果。"的确，这一切，对于王政君个人来说，是一个悲剧。毕竟，西汉王朝的挽歌是在她手中打上了休止符。

三 东汉宫廷政治

　　光武帝刘秀重造汉室，建都洛阳，史称东汉。东汉享国不足 200 年，光武帝号称中兴，在他以后的帝系，依次是明、章、和、殇、安、顺、冲、质、桓、灵、献帝。

　　到汉和帝刘肇即位时，仅仅 10 岁，由章帝的窦皇后临朝称制。窦后家兄窦宪等官居显要，执掌军政大权。汉和帝不是窦后亲生，生母梁贵人被窦后逼死。和帝渐渐长大，对窦氏擅行威权不满。汉和帝永元四年（公元 92 年），14 岁的汉和帝谋同宦官郑众等人诛灭了临朝专权的窦氏，逼迫窦太后交出了大权，开始亲政。窦宪兄弟被诛杀，窦太后在五年之后郁郁而终。

　　汉和帝阴皇后于永元四年入宫立为贵人，不久被册立为皇后。她是光武帝皇后阴丽华之兄阴识的曾孙女，因精于书艺，聪明伶俐，又是先帝阴皇后的亲属，很受宠幸。但是，永元七年（公元 95 年）绝色的邓绥入宫后，就发生了变化。第二年邓绥被立为贵人，居于嘉德宫，成为皇后以下等级最高的嫔妃。

邓绥乃出身于门第显赫的豪族，她的祖父邓禹是东汉的开国元勋，自幼与同乡光武帝刘秀一起在长安受业，是至交好友。邓禹以元从功臣封爵，后拜太傅。邓氏一门，甚得尊宠。邓绥的父亲邓训官护羌校尉，名重当世。母亲阴氏，乃是东汉光武帝刘秀皇后阴丽华的侄女。邓绥入宫以后得宠，阴皇后的地位受到威胁和挑战，所谓"爱宠稍衰，数有恚恨"。邓绥"恭肃小心，动有法度"，恃宠不骄。她深知宫中生活的微妙，对其他妃嫔，常卑辞克己，曲意抚慰。即使是宫中隶役，邓绥也皆施以恩惠，从不盛气凌人。邓绥承事阴后，夙夜战兢，小心翼翼，谨慎有加，惟恐稍有疏忽被阴后揪住辫子，招来大祸。平日，每当她与阴后一同觐见皇上，邓绥从来是站在一旁，不敢坐下。如果遇到和阴后同行，邓绥则弓身恭立，先让阴后起步，从来不与阴皇后并驾齐驱，以示自己的卑微。在皇帝面前，每逢遇到询问，邓绥也总是逡巡再三，从来不在阴后开口之前讲只言片语。时间长了，汉和帝也看出了究竟，明白邓绥对阴后劳心曲体，处处谦让，不禁深有感慨地说："修德之劳，大概就是像邓绥这个样子吧！"邓绥的谦恭，赢得了和帝的赞赏。

邓绥一方面对阴皇后卑恭屈礼，以尽可能地化解宫闱之中的恩怨；另一方面又严于律己，遵循法度，忠顺有礼。后来，邓绥染病。汉和帝为了表示恩宠，特命邓绥的母亲和兄弟入宫照料汤药，不限定日数。按汉朝的宫禁制度，这确实是格外加恩。邓绥却婉言谢绝，她对皇帝说："宫禁至重，乃天子所居。若使妾外家久在内省，有违圣制，不合礼法。此虽是皇上殊恩，但这样一来，上使陛下有亲幸私家之讥，下使贱妾遭不知足之谤。上下交损，得不偿失，实在不想搞到这种地步。陛下不弃贱妾陋质，妾纵死亦感泣于九泉之下。"汉和帝以赞赏的口吻对邓绥说："别人都以能使家人多次入宫为荣耀，你却念及礼法，反以为忧，深自仰损，实在是了不起呀！"邓绥的表现更赢得了汉和帝的宠爱。

阴皇后见邓绥德名声誉日盛，恼羞成怒，便想借助巫蛊妖法来诅咒、陷害邓绥。永元十三年（101年）夏天，汉和帝病危。阴皇后认为，皇帝一倒，邓绥就如水中浮萍，再无凭恃，除之易如反掌。邓绥担心阴皇后仿效章帝窦皇后先例临朝称制，对自己下毒手，就想以死求得解脱，其实是怕受当年戚姬"人彘"之苦。因为汉和帝康复才侥幸躲过劫难。

后来，阴皇后暗使巫蛊妖术的事传到皇帝耳中。永元十四年（102年）夏天，汉和帝下令立案侦讯阴皇后与其外祖母邓朱等共行巫蛊之事。结果，事情败露，阴皇后被废，迁于桐宫，最终忧惧而死。阴皇后得罪时，邓绥曾出面替她求情，但没得到皇上的恩准。对她这种不计前嫌、宽宏大量的做法，汉和帝也被感动了。邓绥在朝野上下、宫内宫外的声誉更盛。这年冬，有关部门奏称：长秋宫（皇后）虚位，应选贤德者充任。和帝不假思索地选定了邓绥。他说："皇后之尊，与朕同体，承继宗庙、母仪天下，岂能轻视？朕以为邓贵人德冠后宫，贤称天下，最为合适。"这年冬至时，邓绥被立为皇后。

邓绥为皇后，依旧谦和平易，从不居尊自傲。生活上更是俭朴节约，绝无丝毫放纵。邓绥对于各地郡国上贡的珍奇之物，全部下令禁绝，只许在岁终时供些纸墨而已。汉和帝想按成例封赏邓氏外家，邓绥都再三推辞，婉言谢绝。汉和帝时，邓绥之兄邓骘不过只做到虎贲中郎将。

元兴元年（105 年），27 岁的汉和帝病死。邓绥策定皇嗣，迎立年仅百日、尚在襁褓之中的刘隆，历史上称为殇帝。她以皇太后临朝称制，自称"朕"，掌握了实际权力。

邓绥临朝称制以后，连下诏令，大赦天下。提倡德化，又提倡节俭，减宫内服御衣物，宫中形成了节俭的风气，她也赢得了百姓的爱戴。汉殇帝即位不足一年，便夭折了。邓绥又与家兄邓骘商定，立了汉和帝之兄、清河王刘庆 13 岁的儿子刘祜，是为汉安帝。邓绥再次以皇太后的身份临朝听政。

邓绥两度临朝称制以来，家兄邓骘开始受重用，邓绥的诸兄弟辈常居禁中。邓氏外戚的崛起，是东汉宫廷政治的必然产物。东汉时期，凡太后摄知国政，必引外戚参与机要，委以重任。据《后汉书·皇后本纪》说：整个东汉时期，"皇统屡绝，权归女主，外立者四帝（安、质、桓、灵），临朝者六后（章帝窦后、和帝邓后、安帝阎后、顺帝梁后、桓帝窦后、灵帝何后），莫不定策帷帟，委事父兄，贪孩童以久其政，抑明贤以专其威"。但是，邓绥临朝时期，能鉴戒历史的经验，对外戚加以约束。汉安帝永初元年（107年），她特意给司隶校尉、河南尹、南阳太守下了诏令："每览前代外戚宾客，假借威权，恣肆不法，咎在执法懈怠，不能依法制裁。今车骑将军邓骘等虽怀敬顺之志，但家族广大，姻戚不少，难免有人奸猾不肃，多犯宪禁；你们应该严加检敕，依法办事，勿相容护包庇。"司隶校尉自汉武帝设置以来就专门负责京师周围的治安，尤其是负责纠察京师近郡犯法者。河南尹因为官衙在洛阳，正是负责东汉京都内的事宜。南阳郡乃是汉光武帝刘秀的起家之地，同时是皇太后邓绥的家乡，到处都是强宗豪右之家。邓绥特别授意司隶校尉、河南尹、南阳太守，要他们严格执法，制裁奸猾，其深意昭然若揭。

　　邓绥对于本家亲戚族属犯法者，从不无故释放宽贷。邓骘等人在邓绥的严格要求下，也谦逊守法。在邓绥看来，严厉约束外戚，正是为了保证他们能历久不衰。她一直牢记章帝时窦氏外戚被诛的教训，并引以为戒。正是由于邓绥注意"检敕宗族"，宗族成员也能够有所收敛，人称"阖门静居"。东汉时期，邓氏一门为最贵宠的外戚。史称"凡侯者二十九人，公二人，大将军以下十三人，中二千石十四人，列校二十二人，州牧、郡守四十八人，其余侍中、将、大夫、郎、谒者不可胜数，东京（东汉）莫与为比。"邓氏宗族在邓绥以皇太后临朝称制的岁月中，一直是有所节制的。其实，这正是邓绥的高明之处。她倚重外戚，又不大权旁落，防止受人挟制。

永宁二年（121 年）三月，41 岁的邓绥病死，与汉和帝合葬顺陵。邓绥称制终身，号令自出。按照帝王之制给她立了注纪，以歌颂其功德。一些建议她归政皇帝的人，都被削职，甚至严惩。汉安帝已经成年，对自己形同虚设、不能亲政的现状不满，心生愤懑。邓绥一死，宦官江京、李闰等诬陷邓氏外戚，巧设大逆不道的罪名，汉安帝遂将邓氏子弟削夺封爵，废为庶人。有些远流边郡，后在地方官的威逼下，被迫自杀。邓绥生前虽对外戚有所约束，但在身后仍不免于诛戮。邓氏家族的浮沉，正是东汉国运盛衰的表征。从此，东汉王朝宦官、外戚势力交相崛起，把持朝政，遂使国运走向衰微。

邓太后病死，汉安帝亲政。邓氏外戚遭到灭顶之灾的同时，阎氏外戚的势力迅速崛起。

皇后阎姬是皇太后邓绥于元初二年（115 年）为汉安帝选定的。汉安帝因阎皇后"才色"俱佳，对她很是宠爱，阎姬虽得宠幸，却一直未能生养。李氏因为曾得到安帝的亲幸，生下一子，取名刘保。阎姬竟将李氏在宫中鸩杀。元初七年（120 年），刘保在皇太后邓绥的主持下被立为皇太子，改元永宁。阎姬对太子刘保心怀不满，也无可奈何。邓绥死后，阎姬勾结大长秋江京、中常侍樊丰和安帝乳母等人，共设秘计，罗织罪名，诬陷太子。延光三年（124 年）九月，10岁的皇太子刘保被废为济阴王。

第二年春天，汉安帝率领公卿从洛阳出发南巡。

安帝突发急病，暴死于路途之中。阎姬为了防患于未然，先秘不发丧，连夜马不停蹄，回到洛阳的皇宫之中，才宣告皇帝驾崩，正式发丧。

按照预谋策划，阎姬被尊为皇太后，临朝称制。阎显为车骑将军、仪同三司，掌握了军权。汉安帝尚未来得及另议立储君，就突然病死，帝位再次出现空悬。阎姬仿效前世先例，贪立幼主。她召来阎显，在宫禁之内经过再次密谋，选定了年幼的北乡侯刘懿为嗣君，史称少帝。刘懿是汉章帝之子北惠王刘寿的儿子。少帝即位后，阎姬以皇太后身份代行摄知国政，临前殿，朝会君臣。在金銮殿上，阎姬东面，少帝西面，群臣上书奏事，皆一式两份，一份呈上身为皇太后的阎姬，一份呈送少帝。其实少帝只是个傀儡，大政全由阎姬决断。这确定了阎姬以皇太后身份临朝的政治运作模式。

这样，阎氏"兄弟并处机要，威福自由"，朝廷大权全由阎氏垄断，权倾天下。不幸的是，少帝刘懿被立后才200多天，就得了重病，眼看一病不起。阎姬为了操纵宫廷政局，决定再定幼子。延光四年（125年）十月二十七日，少帝（北乡侯）死了。阎姬与阎显、江京等再施故伎，依然秘不发丧，火速派人带着诏书去征召济北王与河间王等诸王的儿子入京，准备从中选立新君继承帝位。同时，阎姬下令关闭宫门，屯兵防守，加强了宫内外的戒备。

阎姬派去征召诸王子入京的人尚未复命，担任中常侍的宦官孙程就先发制人了。少帝病重时，孙程就感到是一次政治投机的好机会。他积极地密谋策划拥立被废为济阴王的太子刘保，与十九位宦官割断单衣盟誓，聚集于洛阳南宫的崇德殿，成功地发动了政变，迎立11岁的济阴王刘保即位。刘保就是历史上的汉顺帝。

孙程等人控制了宫廷局势后，索得了天子玺绶，护送汉顺帝驾幸嘉德殿。阎姬被迁出长秋宫，幽禁在离宫。第二年（汉顺帝永建元年，126年）正月，在绝望恐惧中死去。

汉顺帝得以摆脱阎姬的压制，登上帝位，是凭借宦官的力量。因此，他一称帝，便封孙程、王康等十九位宦官为列侯。从此，宦官崛起，成为东汉宫廷政治格局中的重要势力。

汉顺帝阳嘉元年（132年），梁妠被册立为皇后。梁氏家族的势力也逐步扩张。梁妠一家，从此成为东汉历史上把持朝政时间最长的外戚。

建康元年（144年）八月，汉顺帝死于玉堂前殿。因为皇后梁妠无子，虞美人所生的仅有两岁的儿子刘炳被立为太子，即位后是为汉冲帝。梁妠以嫡母被尊为皇太后，临朝称制。这是梁妠第一次临朝称制。她一临朝，就下诏拜家兄大将军梁冀与太傅赵峻、太尉李固三人为参录尚书事，共理朝政。

永嘉元年（145年）正月，即位不到半年的小皇帝汉冲帝一命呜呼。朝廷议立新君人选时，展开了激烈的争论。梁妠让梁冀征召来的洛阳两位王子中，一位是年方8岁的刘缵，一位是清河王刘蒜。他们都是乐安夷王刘宠的孙子，论起来就是汉章帝的玄孙。两位王子中，刘蒜年长，且为人谨严稳重，举止合乎法度，在公卿中享有较高威望。太尉李固极力主张立年长有德、可以亲政的刘蒜，梁妠与梁冀却早就看好了年幼的刘缵。刘缵得以坐青盖车被迎入南宫策立，就是历史上的汉质帝。汉质帝即位后，作为陪衬人的清河王刘蒜被送回自己的封国。梁妠依旧以皇太后身份临朝称制。

策立了汉质帝，皇太后梁妠委重大将军梁冀，梁冀仗势骄横自恣。小小年纪的汉质帝对梁冀的一举一动看得明白，在本初元年（146 年）六月的一次朝会上，这位傀儡皇帝忍不住当着群臣的面，指着气焰嚣张的梁冀说："此乃跋扈将军也！"竟当众说他霸道蛮横。梁冀大怒之下，将汉质帝毒死。

朝廷上为了再选新君，又经过了一番波折。太尉李固与司徒胡广、司空赵戒为了确定选择新君人选的办法，联名给梁冀写了封信，意在先发制人，要挟梁冀。以李固为首的公卿大臣提出，清河王刘蒜乃汉质帝的堂兄，最为尊亲，应立为嗣。皇太后梁妠看中的则是年方 15 岁的蠡吾侯刘志。刘志是汉章帝的曾孙，河间王刘开的孙子。宦官中常侍曹腾态度明朗地支持梁冀，于是他鼓动皇太后梁妠罢免了太尉李固，用青盖车将蠡吾侯刘志迎入南宫，登基称帝，此是历史上的汉桓帝。皇太后梁妠仍旧临朝听政。

为了进一步控制汉桓帝，巩固梁氏的势力，梁妠把自己的妹妹选入宫中，立为汉桓帝的皇后。至此，梁家外戚的权势地位在皇太后的羽翼之下达到了顶峰。东汉时期的梁冀一门，前后共有七人封侯，三位皇后，六名贵人，两位大将军，诰命夫人、女封君者七人，尚公主者七人，其余卿将、尹、校五十七人，真所谓穷极满盛，威震天下，炙手可热。

但是，在皇太后梁氏身后，汉桓帝重用与梁家不和的宦官，密谋策划，将梁冀及其满门宗亲、党羽尽数斩杀，梁氏遭到灭门之灾。事后，汉桓帝对参与诛杀梁氏的宦官大加封赏，单超、左悺、徐璜、具瑗、唐衡等五人同日封侯，史称"五侯"。汉桓帝除掉了专权的外戚，权力却转移到宦官手中，他们比起当年跋扈的梁大将军更是威风骄横。

汉桓帝死后，窦太后拥立了汉灵帝刘宏，她自己以皇太后身份临朝称制。窦太后临朝以后，她的父亲窦武任大将军，曾想联合朝廷大臣将宦官一网打尽，结果反被曹节为首的宦官杀死。宦官成为掌握朝政、驾驭皇帝的实力派。这时，宦官主要以张让、赵忠为首的所谓"十常侍"权势最为显赫。汉灵帝曾恬不知耻地说："张让是我公，赵忠是我母。"汉灵帝宋皇后被废黜，就是因为宦官的诋毁构陷。光和三年（180年）何皇后被新立，也是因为宦官的推美。

到了东汉末年，袁绍等人派兵血洗后宫，宦官被斩尽杀绝。董卓拥立刘协为帝，是为汉献帝。董卓挟持汉献帝大赦天下，改年号为"永汉"。此后豪强割据，诸侯并起，军阀混战，汉献帝完全成为任人摆布的小傀儡。东汉王朝从此名存实亡。

显然，东汉宫廷政局中，每当幼帝即位，总有母后临朝，外戚辅政。当皇帝年长，又常常借助亲信宦官的支持来对付外戚，以便重掌朝政。这样一来，宦官往往自恃有功，进一步垄断政权，操纵皇帝。因此，常常出现外戚、宦官轮流专权的局面。东汉宫廷政治正是在宦官、外戚势力交替中演进并被断送的。

四 西晋宫廷政治

　　西晋司马氏建国，结束了魏蜀吴三国鼎足之势，天下归一。晋武帝司马炎开国，大封同姓宗室，委以军政实权，却种下了皇室厮杀纷争的祸根。长达16年之久的"八王之乱"，使刚刚归于一统的中国重又陷于分裂混乱的局面，西晋也成为一个短命王朝。西晋如此国运与宫廷政治的格局密切相关。

　　魏元帝咸熙二年（265年）十二月，司马炎受禅称帝，史称晋武帝，建元泰始。晋武帝选立长子司马衷为太子。

　　司马衷生性痴呆，朝廷上人人心照不宣。后来，忠正清直的大臣担心国家前途，委婉地向皇帝提出：太子"纯质"，"有淳古之风"，恐怕不了解治国大事，如果君临天下，恐怕难以应付局面。为此，晋武帝与皇后杨艳曾在宫里有过一次夜谈，但杨皇后是司马衷的生母，不愿儿子的地位动摇，她以"立嫡以长不以贤"的法则提出反对。晋武帝就没有理会大臣的议论。但是，朝中大臣对太子日后登基能否亲政，仍然放心不下。太子少傅卫瓘想劝皇帝另立储君，就借君臣会宴陵云台之际，假装酒醉，跪到皇帝御座前，几次欲言又止，用手抚着御座说："这座位太可惜了！"晋武帝领悟到他的意思，故意岔开了话题。然而，朝廷上对太子的议论在升级。晋武帝想了一条妙计，要在所有朝廷大臣面前检验太子的办事才干。

一天，他大摆宴筵，下令东宫所有官员无论职位高低一律赴宴。然后，派人给太子送去一个密件，内是急需处理的政府公文。晋武帝再三叮嘱，务必令太子立即决处，不得稽留，待处理完毕，再亲自带回。武帝与群臣边饮酒边静候。当信使到达东宫，太子妃贾南风买通信使，到宫外请了一个人代答。来人不明底细，答词多引经据典，卖弄学问；有位任给使的小宦官张泓在一旁对太子妃贾南风道："太子本来不读书，没有多少才学，若答诏多引古义，必会露出马脚，到时追查起来，太子反倒吃不消。依我之见，不如就事论事，直接回答。"贾南风一听，大喜过望，对张泓说："那你就给我好好作答，我不会忘了你的忠心，来日少不了你的荣华富贵。"张泓素有点儿小才，得到贾南风的赞许，提笔而就，又让太子重新誊写一遍，交给信使。武帝看到答书，见说得有板有眼，头头是道，顿时喜形于色。殿上众人这时才知道今日酒宴的真相，都高呼"万岁"。从此，朝廷上再也没人对太子议论纷纷了。此前被朝廷抬出来与太子抗衡的晋武帝的弟弟齐王攸，也被逼死。到太熙元年（290年）四月，晋武帝司马炎病死。太子司马衷登基即位，历史上称为晋惠帝。贾南风被立为皇后，皇后杨芷被立为皇太后。

晋惠帝即位之初，皇太后杨芷的父亲、太傅杨骏奉晋武帝遗诏入居太极殿，执掌大权，辅弼弱主。太傅杨骏专权，不仅皇后贾南风早已心怀不满，也引起了宗室诸王与中外臣僚的怨愤，朝野沸沸。就连他的弟弟杨济和外甥李斌都觉得不妥，曾劝他对宗室诸侯王应该有所怀柔，应召汝南王亮一起夹辅晋室。

经过多方密谋策划，皇后贾南风找到机会，开始反击。她派亲信找汝南王亮，请他发兵讨伐杨骏。汝南王亮乃是司马懿的四子，辈分极高，老奸巨猾。他虽受杨骏排挤，却不愿听贾南风的调度，只说杨骏凶暴，败死指日可待，并不出兵。贾南风不能说动汝南王亮，遂又与荆州（今属湖北）的楚王司马玮商议。楚王玮是晋武帝之子，年轻气盛，性情暴戾，有勇无谋，他慨然答应兴兵入朝。

永平元年（291 年）三月八日夜，贾南风骗得惠帝下了一道诏书，说杨骏谋反，派楚王玮等率兵包围了杨府，从此，拉开了西晋历史上"八王之乱"——汝南王亮、楚王玮、赵王伦、齐王冏、长沙王乂、成都王颖、河间王颙、东海王越等宗室诸王相继叛乱——的序幕。

楚王玮率兵冲入杨府，杨骏被乱军杀死，杨府上下洗劫一空，家中老少一律处斩。事变之初，太后杨芷听到父亲遭难，心急如焚，她在绢帛上手书"救太傅者有赏"，用弓箭射向城外。此事被贾南风抓住把柄，宣称太后与杨骏同谋作乱，将她囚禁后废死。除掉了太傅杨骏和皇太后，汝南王亮为太宰，卫瓘为录尚书事，共同辅政。贾南风仍不能随心所欲地插手朝政，她不会善罢甘休。恰好，汝南王亮奏请诸王还藩，卫瓘积极赞同，这引起了诛杨有功的楚王玮的忌恨。于是，贾南风又巧设圈套，利用诸王间的矛盾，来消除异己。

贾南风诬告汝南王亮与卫瓘图谋不轨，让惠帝给楚王玮下诏，让他将汝南王亮与卫瓘等人免官。楚王玮接到密诏，也想借机发泄私怨，连夜派兵包围了二人的府第。结果，汝南王亮被杀了个措手不及，被士兵乱刀砍死，尸体被扔到北门以外。楚王玮包围汝南王府之时，又命人前往卫瓘府上。结果，一生效忠朝廷的老臣卫瓘被杀。一日之间，两位辅政老臣死于非命，朝野震动。大臣张华认为：“夜来楚王连杀两位老臣，必是矫诏擅杀，形同谋乱，罪在不赦。为稳定局面，应立即昭示诸军，解散军队。”贾南风顺水推舟，依计而行，把罪名栽到楚王玮的头上。她向晋惠帝报告说：“楚王玮拥兵作乱，罪大恶极，应杀之以谢天下。”惠帝难辨真假，立即下诏将楚王捉拿归案。行刑时，楚王玮大叫冤枉：“我奉皇后之命，且有皇上密诏，一切均出于圣裁，说我擅杀实在冤枉！”由于贾南风巧作安排，楚王被当成了替罪羊。贾南风一石数鸟，先以楚王玮除掉太傅杨骏，又借刀杀人除去汝南王亮，接着嫁祸于人，将楚王玮送上了断头台。一波三折，招招暗藏杀机。贾南风临机专断，把对手一个个除掉，呆痴的晋惠帝被她牢牢地掌握在股掌之上。贾南风从此决谋国政，大权在握，发号施令，专制天下，威服

四 西晋宫廷政治

111

内外，开始了她的"专朝"时期。

贾后与晋惠帝共生了四个女儿：河东、临海、始平公主和哀献皇女，可惜没有儿子。晋惠帝登基后所立的太子司马遹（即愍怀太子）生母是武帝的才人谢玖，虽是长子却不是贾后亲生。司马遹小时候聪明伶俐，颇解事体，深得祖父晋武帝的喜爱。他被立为太子后，贾后却不喜欢他，常有废立之心。贾后曾诈称自己怀孕，并弄了些绢布塞到衣服里，掩人耳目。她把妹妹贾午的儿子抱到宫中，取名慰祖。对人宣称是在为武帝治丧期间所生，故没有对外张扬。她企图用慰祖来替代太子司马遹。太子长大后，在糜烂的宫廷生活的熏染下，不再愿意读书，只知与手下小宦官游乐玩耍。他常在宫中设市肆，使人屠酤，以手代秤，估计轻重，斤两不差。中舍人杜锡怕他长此下去，自招祸患，常劝他修德业，保令名。太子非但不听，还在杜锡常坐的毡垫中放了一些针，把杜锡的屁股扎得流血不止。太子这种不知自重、奢靡威虐的行动，正好授人以柄，给贾后抓住不放。

元康九年（299 年）十二月，贾后设下圈套，诈称惠帝有病，要太子觐见。太子入宫后，贾后故意避而不见，派人端来三升酒，以皇帝所赐为由要太子全部饮下。太子无奈，喝得酩酊大醉、神志不清。贾后又让黄门侍郎潘岳模仿着太子的口吻书写了一篇表文，逼迫太子照样抄写。表文曰："陛下宜自了，不自了，吾当入了之。中宫（贾后）又宜速自了，不自了，吾当手了之。已与谢妃（谢玖）约定同时发难，灭绝后患，立吾儿司马道文为王，蒋氏（太子妃妾）为皇后……"太子迷迷糊糊，字大半写得不清，贾后又亲自补上笔画，交给惠帝。

惠帝不辨真假，一见太子如此大逆不道，便同意贾后下诏将太子赐死。当公卿大臣见到太子的表文与诏书后，认为疑点重重，提出要谨慎行事，他们认为此事关系晋朝的国运盛衰，应先审问传送表文之人，再与太子平日手迹相核校，以防有诈。贾后见赐死太子阻力太大，担心节外生枝，就建议惠帝废太子为庶人。大臣也无法再争，太子被囚禁，但太子生母谢玖被杀。接着，贾后又指使小黄门投案自首，承认欲与太子谋逆，结果，贾后又派人将愍怀太子押送到许昌旧宫幽禁起来。

愍怀太子被废，引起朝野内外众情愤怒。朝廷之中有了一股密谋废掉贾后、匡复太子的势力。他们通过孙秀与任右军将军的赵王伦串通一气，准备寻机起事。赵王伦是司马懿的九子，手握兵权，因为他对贾后屡加谄媚，很得贾后的亲信。孙秀却对赵王伦说："太子聪明刚猛，若复还东宫，一定不愿受制于人。您与贾后素来关系密切，人所共知。虽然冒死再度拥立太子，但太子会认为您是迫于形势，以背叛贾后而求洗刷自己，到时绝不会感恩戴德，日后若再寻衅找茬您还是难逃厄运。不如暂且迁延缓期，设计让贾后先除掉太子，然后再借口为太子报仇，起兵废掉贾后，岂不更妙。"赵王伦依计而行。贾后果然中计，她为了断绝太子匡复的念头，也为了自己能长期擅权，于永康元年（300 年）三月派人矫诏前往许昌（今属河南），除掉了废太子。

赵王伦见时机成熟，便秘密联络了梁王彤（司马懿第八子）、齐王冏（司马攸之子）起兵。四月三日深夜，赵王伦矫诏率兵入宫，搜捕贾后，将她废为庶人并幽禁起来，贾氏党羽被一网打尽。几天后，赵王伦矫诏，赐贾后金屑酒，将其毒杀。

赵王伦大权在握，野心膨胀，做起了当皇帝的美梦。永宁元年（301 年）初的一天，他编造司马懿要他做皇帝的鬼话，逼迫痴呆的晋惠帝禅位。赵王伦废惠帝自立，大封党羽亲信，朝廷之上，高官充盈，由于官员的冠服饰物要用貂尾，突然一下封了那么多人做官，貂尾不足，就用狗尾代替，以致在后世留下了"狗尾续貂"的典故。

赵王伦的篡窃与倒行逆施，激起了齐王冏的反感，他从坐镇的许昌（今属河南）联合成都王颖、河间王颙起兵杀向洛阳。洛阳城内百姓对赵王恨之入骨，手下兵马倒戈，将其亲信孙秀杀死，迎回晋惠帝，赵王伦被废黜。齐王冏因功，以大司马之职入朝辅政，他也是私树党羽，自擅威权，目空一切，引起朝廷侧目，海内失望。与他同盟讨赵王伦的河间王颙宣称齐王冏"有无君之心"，于太安元年（永宁二年，302 年）底联合成都王颖与长沙王乂起兵讨伐。这时，晋惠帝也成为诸侯王争夺的招牌。数日激战，齐王冏被斩于军中，长沙王乂挟制皇帝成为辅政大臣。河间王颙心有不甘，联合成都王颖再次向长沙王乂发起攻击。兵连祸接，洛阳城又遭兵燹之灾，长沙王乂被烧死，成都王颖以皇太弟都督中外诸军事，河间王颙任太宰、大都督。先参与讨伐长沙王乂的东海王越，此时又拥兵挟持晋惠帝向成都王颖盘踞的邺城（今河北临漳）发起攻击，不料大败。后来晋惠帝一度被河间王颙的部下挟持到长安，河间王颙则假借晋惠帝的名义罢免了东海王越等人的官职，引起了诸侯王不满。他们共推东海王越为首，起兵兴伐，要迎皇帝大驾回故都洛阳。经过较量，河间王颙兵败，东海王越于光熙元年（306年）六月用牛车把晋惠帝拖回洛阳。

不久，晋惠帝被毒死。东海王越立豫章王司炽（晋武帝第二十五子）为帝，史称晋怀帝，改元永嘉（307～313年）。"八王之乱"暂告一段落。诸王起兵乃是西晋司马父子兄弟之间在宫廷政治格局中的较量，其规模之大，波及黄河南北。宫廷政局的动荡，又激起了更大的动荡，中原大地上形成了"五胡十六国"的混乱局面。西晋王朝在无休止的战乱之中进入了历史的坟墓。

五　隋朝初年宫廷政治

　　隋文帝杨坚称帝，年号开皇。杨坚先辅政北周，周静帝被逼下诏禅位，实际上是一次不流血的宫廷政变。周静帝大定元年（581 年）二月，杨坚举行登基大典，成了隋朝的开国之君。

　　隋文帝杨坚登基以来，独孤皇后与他形影不离。每次杨坚早朝，独孤皇后都乘辇与他并车而行，直到大殿的后阁门。她目送杨坚到前殿与百官朝会、商议国是，自己仍停在殿后等着，并派宦官来回传递朝会的情况。一旦发现杨坚处理政事有失，立即提出劝谏，让他纠正。她就这样，一直等到杨坚退朝，两人再一起并行回宫，两人一同进餐，直到一天政事完毕，方才一同安寝。杨坚常说："多亏你的提醒，使朕治政少失，多受弘益。"这样日复一日，时间久了，他们自己都养成了习惯。宫中的人也看得明白，并称皇后与皇帝为"二圣"。"圣"是当时人们对最高统治者的一种惯称。

　　独孤皇后不仅是杨坚生活中的好伴侣，更是他政治上的好帮手。她每每与隋文帝"言及政事，往往意合"。这种不谋而合，使两人在政治上有了更多的共同语言。与皇帝在政治上的默契，再加上独孤皇后"雅好读书，识古达今"，所以，杨坚处理日常政务也常常征求她的意见。每到这时，独孤皇后都能提出很合杨坚心意的见解。因而，两人在一起，"相顾欣然"，心情都很舒畅。在隋文帝时期的宫廷政治之中，皇后的政治分量很重。

不仅如此，杨坚后宫之中，"唯皇后当室，傍无私宠"，"虚嫔妾之位，不设三妃"。此后的二十多年，独孤皇后与杨坚可谓寸步不离，不管杨坚走到哪里，都能见到独孤皇后。在隋朝开皇年间的宫廷政治生活中，独孤皇后几乎成了杨坚的影子。杨坚每一项政治举措几乎都留下了独孤皇后的痕迹，所谓"上亦每事唯后言是用"，后世也常因此讥讽他是个惧内的皇帝。隋文帝杨坚平定四海，统一全国，结束了中国自东晋南渡以来 270 年南北分裂的局面。同时，隋文帝内修制度，外抚戎夷，在政权建设、经济恢复与开发及边疆经营中，都以空前未有的动作取得了巨大成效。隋朝成为中国历史上又一个强盛的统一帝国，杨坚也因而被后世誉为一代之"良主"。这中间同样包含了独孤皇后的功劳。独孤皇后全身心地协助杨坚，在隋代建立后的历史大变革时期，对历史的发展作出了自己的贡献。

在宫廷政治中，独孤皇后对外戚的约束很值得称道。历代外戚凭借后宫权势获得高位厚秩者很多，但往往不得善终。隋代外戚较少有因凭私宠而飞扬跋扈者，所以也常能得以保全身名。这与独孤皇后借鉴历史的经验教训、矫正其弊端有很大关系。据《隋书》、《北史》等记载，独孤皇后对她的亲戚，生活上给予许多关照，在政治上却给以种种限制。隋代外戚任高官者很少，独孤皇后的兄弟不过任将军、刺史而已。独孤皇后家的亲戚，不预朝政，兄弟在位，亦无殊荣。不但没有像西汉王政君时兄弟一日得封"五侯"的事，而且亲属也无列三司的荣誉。至于家蓄巨财、称富一方、耀武扬威、横行乡里，也是从未有过的事情。由于独孤皇后的严厉约束，隋朝外戚极少干扰朝政。若是外戚犯法，必依律科罪。

独孤皇后有个同父异母弟独孤陀，好左道，喜欢用"猫鬼"来搞巫术。据说，这一法术是每到子夜拜祀咒诅，猫鬼就可以听从人的意志去害人，被害人家的钱财可以潜移到养猫鬼的人家中。偏巧，有次独孤陀又用猫鬼行妖法，害得独孤皇后生了病。事情败露后，杨坚要将他赐死。独孤皇后闻知，不希望皇帝这样处理，她三天没有进食，对杨坚说："独孤陀若是蠹政害民，杀了他，那是罪有应得，我也无话可说。不过他是因为诅咒我，虽然不能原谅，希望能饶他一死。"杨坚考虑到她的意见，就免其死罪，削职为民。

不过，若是亲族犯了国法，独孤皇后便毫不犹豫地严肃处理，并且态度最为坚决。有一次，大都督崔长仁犯法当斩。崔长仁是独孤皇后娘舅家的表兄弟，杨坚考虑到这层关系就想赦免他。独孤皇后闻知，虽然痛心，却对杨坚讲："国家之事，焉可顾私！我怎能因亲私之情而置国法于不顾呢？"结果，崔长仁被依法处斩。显然，她对于公私是分明的。

独孤皇后对于隋文帝时期宫廷政治最大的影响，无疑是皇太子的废立。

杨坚共有五个儿子，都是与独孤皇后所生。杨坚建国后，长子杨勇被立为太子；其余四子杨广、杨俊、杨秀、杨谅皆封藩王。杨坚曾对群臣说："朕五子同母，可谓真兄弟，决不会像前世帝王那样溺于内宠导致兄弟相争发生废立之事。那真的是亡国之道啊！"但是，事实却恰恰相反。杨勇自为太子，经常参与国家大事的处理，"时政不便，多所损益，上每纳之"，深得杨坚嘉许。但皇太子杨勇为人不拘小节，不善矫饰，平日又不太注意节俭，很令父皇不满。一年冬至，杨勇在东宫受百官朝贺，杨坚认为有乖君臣礼制，不合典则，对他又大加训斥。慢慢地，父子之间关系就紧张了。

还有一件事，太子杨勇不喜欢母后独孤皇后为他选的妃子元氏，反倒宠爱昭训云氏，招致独孤皇后大为不满。元妃是北朝以来的大族元孝矩的女儿，云氏虽然美貌，却是小吏云定兴的女儿，出身低贱。独孤皇后自然觉得门当户对的元氏更合心意并寄予无限的厚望。她曾说："我为杨勇聘得元家女，望隆兴基业。"后来，元氏因心疾而死，独孤皇后怀疑是太子杨勇做了手脚，十分恼火。于是，独孤皇后派人暗中伺察太子的行动，找他的麻烦。这样一来，就给晋王杨广抢夺太子之位提供了可乘之机。杨广是独孤皇后次子，自幼聪明过人，机智多谋，渡江平陈之役，他是统兵元帅，因此立功最大，在诸兄弟辈中，声誉政绩均冠称一时，独孤皇后对他极为钟爱。

与杨勇的不拘小节不同，杨广很工于心计。他平日起居，车马仆从，十分节俭。有次隋文帝与独孤皇后到他的住处，杨广事先把貌美的宫女藏匿起来，只留老而丑者，还换上粗布衣衫，再把琴弦弄断，上面落满灰尘，也故意不让擦去。他明着只和萧妃一人居住，其他侍妾即使生了孩子，也让人弄死。结果，给皇帝和皇后留下了很好的印象，认为他不好声色，都很满意。杨广平时对朝廷上的臣僚很有礼貌，尤其对父皇和母后身边的人，更是周到。即使独孤皇后派去一个奴婢，他也会陪着与之同桌共食，十分恭敬，很让独孤皇后满意。杨广的这一做法，使他赢得了孝顺的美名。同时，他还极力结交杨素、杨约、宇文述、张衡等人，培植自己的势力。这些人为他在皇后面前说好话，唱赞歌。这样一来，独孤皇后慢慢地反倒觉得杨广符合储君的标准，于是经常在杨坚面前吹风，极力主张废杨勇改立杨广。

有一次，杨广出镇扬州（今属江苏）。他离京前向独孤皇后辞行，泪流满面地对母亲说："儿性识愚下，却知道珍惜兄弟间手足之情，但不知为何得罪了太子！他对儿百般嫉恨，欲加屠陷。儿每日自思己过，真怕被太子谗陷于死地。"这时，独孤皇后愤愤地说："这个睨地伐（杨勇的小名）越来越不像话了。对我给他娶的元氏不满，也还罢了，为何还对你生此恶意。现在我还活着，我要死了，还不把你吃了吗？我总觉得东宫自元妃死后无正妃嫡子，将来你们要向那云氏的儿子称臣朝拜，真是大不尽如人意的事呀！"独孤皇后的这番话，竟是很清楚地表明了自己的政治倾向。

杨广得知了母后的政治态度，加紧了谋取太子之位的步伐，杨素等朝廷大臣也更大胆地为杨广奔走。据说，因为杨素经常颂扬杨广的仁孝，替他在朝廷上美言，独孤皇后还送给他不少财物。此时，杨广还在杨勇身边收买耳目，掌握太子的行踪，指使其向皇帝杨坚告发太子多行不法，四季作役不息，修造亭殿，朝造夕改，而且还诅咒皇上寿数已尽。由于罗织了太子的罪名，最终使隋文帝杨坚动了废黜太子之心。

杨坚曾对大臣们说："皇后近来常劝我废掉杨勇，我因他是长子，盼其能自重，悔过自新，没有同意。现在看，此儿已不可救药。我怎能将天下交给如此不肖之子呢！"开皇二十年（600年）十月，杨勇被加上了"性识庸，仁孝无闻，昵近小人，委任奸佞"的罪名废为庶人。同年十一月，晋王杨广被立为太子。史书中言"废太子立晋王广，皆（独孤）后之谋也"。实际上，杨广是以两面派手法蒙蔽了天下，欺骗了他的母后独孤皇后。

杨广为太子还不到两年，到仁寿二年（602年）八月二十四日，59岁（《隋书》说是50岁，此依据《北史》以及《太平御览》）的独孤皇后在仁寿宫的永安宫离开了人世。她的儿子杨广当着别人的面显得哀恸欲绝，私下里又饮食照旧，谈笑风生。在为独孤皇后治丧期间，杨广忍受不了清淡的饮食，偷偷地让人送来鱼肉享用，根本不守丧礼之制。

到仁寿四年（604年），杨坚在仁寿宫中也一病不起。早已觊觎皇位的杨广加紧了与杨素等人的密谋策划。他们频繁书信往来，勾勾搭搭。有一天，杨广的异动偶然被杨坚觉察。杨坚似如梦方醒，发觉自己被骗了。事又凑巧，宣华夫人又神色不定地跑到寝宫，哭着向他说："太子无礼！"原来，宣华夫人早上去厕所，被杨广拦住，欲行非礼，她拼命挣扎方得脱身。杨坚更是大怒，他大骂："这猪狗不如的畜生，怎么能托付大事！独孤皇后呀，你真是害了我呀！"杨坚大叫："独孤误我！独孤误我！"杨坚想起了被废黜的长子杨勇，想重召他来，但为时已晚。早已部署周密的杨广没容他反悔，就先行下手，在仁寿宫大宝殿把病中的隋文帝杀死。杨广在策划了仁寿宫变后即位，他就是历史上的隋炀帝。

六　唐朝前期宫廷政治

　　唐高祖李渊是大唐帝国的开创者。

　　李渊家世贵显，不仅是北周皇室宇文氏的姻亲，也是隋朝杨家的贵戚。他是隋文帝的内甥，隋炀帝杨广的姨表兄弟。因此，李渊与隋朝宫廷政治有着天然关系。由于隋炀帝的暴政，引起了天下大乱。这不仅加深了隋炀帝统治的危机，也进一步激化了隋炀帝时期宫廷政治的危机。大业末年，李渊乘其担任太原留守之机，谋划起兵，兵进关中，占领隋朝旧都大兴城（即长安，今西安），他以高超的政治手腕与政治谋略进行了自己的政治经营。

　　义宁元年（617 年）十一月十五日，李渊迎 13 岁的代王侑即皇帝位于大兴殿，历史上称为隋恭帝。李渊首先拥立代王侑，遥尊隋炀帝为太上皇。这实际上是李渊从政治上确立了代王为正统，取消了早已失去民心的隋炀帝的正统地位，为自己的改朝换代提供了便利。李渊被诏加假黄钺，使持节、大都督内外诸军事、大丞相，进封唐王，总理军国机务。以大丞相赞辅国政，其实是汉魏以来权臣夺取军政大权的一贯做法。像曹丕篡汉、西晋司马氏代魏、隋文帝杨坚代周，与此做法如出一辙。尽管这是掩耳盗铃，但是用李渊自己的话说："虽失意于后主（杨广），幸未负于先帝（杨坚）"。就是说，虽然背叛了隋炀帝，他也不想落个臣子谋篡的恶名。义宁二年（618年）三月，代王侑因李渊"功德日隆，天历有归"，欲行禅让之礼。但李渊感觉时机还不成熟，没有答应。后来，裴寂等率群臣两千人三番五次劝进，李渊仍然表示拒绝。一直到了五月，他才假装勉为其难，同意即位。他"所以逡巡至于再三者，非徒推让，亦恐群公面谀，退为口实"，就是担心这些人当面一套、背后一套，表里不一，所以在摸清众人的真实想法以前他拒不表态，就是担心会发生闪失。

义宁二年（618年）五月二十日，李渊在太极殿正式登基，国号为"唐"，仍然定都长安。隋义宁二年为唐武德元年。

李渊建国以后，成功地统一天下，君临四海。但是他在宫廷政治的进程中，遭遇到与以往帝王相同的问题。李渊建国后，以长子李建成为皇太子。次子李世民封为秦王，李世民在太原起兵和建国以后的统一战争中能征惯战，智勇兼备，立功最多，有"功高不赏之惧"，不可避免地与兄长建成发生了矛盾。皇太子李建成对李世民日生疑惧，兄弟之间为了太子地位发生了冲突，而且兄弟之间的倾轧越来越激烈。其弟齐王李元吉曾对建成说："秦王功业日隆，为父皇所爱，殿下虽为太子，位不安，如果不早做打算，恐怕会有祸患。请为殿下杀之。"在他们兄弟之间的较量中，李元吉与皇太子建成结成了同盟。李渊不希望看到儿子之间相争，更不希望发生隋文帝杨坚时重新废立太子的事。李渊尽可能使事态缓和，在儿子之间寻求政治平衡。李渊的努力有时候显得是头痛医头、脚痛医脚。为了使其兄弟平安相处，他一度打算让李世民离开长安回洛阳。由于李建成和身边近臣的反对，李渊又改变了主意。所以说，李渊的努力丝毫没有制止事端的升级。

在此时的宫廷政治之中，秦王李世民和太子李建成各自形成了政治集团彼此之间进行较量。在这一过程中，秦王李世民并不占优势。朝廷上宰相的政治态度基本上倾向皇太子。宰相中有的公开支持皇太子，如裴寂；有的首鼠两端如封德彝；有的则如陈叔达和萧瑀，虽然政治倾向不明确，貌似立场公正，即使是对秦王有利，但是也不能公开支持李世民。李世民曾经称赞萧瑀"疾风知劲草，板荡识诚臣"，认为他不能以利诱之。其实，这说明了皇太子处于政治上的有利地位。后宫之中，最受李渊宠爱的张婕妤和尹德妃称赞皇太子"慈厚"。秦王李世民经常将兵在外，很少见到后宫的妃嫔，难以得到政治上的支持。

到武德九年六月，因为突厥入侵，李渊同意李建成的建议派李元吉代替李世民出征，秦王府勇将像尉迟敬德、段志玄、秦叔宝等必须听命李元吉。李世民的又一位骁将程知节被任命为康州刺史，准备打发出去，李建成最忌惮的秦王手下的谋士房玄龄、杜如晦也被强令赶出了秦王府。李世民得到密告说，太子与齐王谋划在大军出征饯行时，命壮士把秦王杀死。在这种形势下，李世民一方面派温大雅到洛阳，秦王府车骑将军张亮率领一千余人赴洛阳，暗中结纳山东豪杰，做好策应准备，一方面，又全力准备应对。

据说，在此期间，李世民还曾经向朝廷重臣李靖和李世勣征求意见，二人均以无可奉告推辞，实际上是不介入。这反映出李世民的处境越来越不妙，在准备动手发动兵变之前，李世民的确没有任何把握。李世民居然想用占卜来定吉凶，被手下阻止。武德九年（626年）六月初，李世民派人请回房玄龄、杜如晦商议社稷大计。六月四日李世民率领长孙无忌、尉迟敬德、侯君集、张公谨等人在宫城北门玄武门设下伏兵，在东宫朝见皇帝的必经之路发动突然袭击。李世民将建成射死马下，尉迟敬德将李元吉射杀。这就是历史上有名的玄武门之变，李世民侥幸取胜。

事变后，唐高祖李渊顺水推舟，将秦王李世民册立为太子，并令其监国。当年八月，高祖李渊退位，自为太上皇。李世民在东宫即位，这就是唐太宗。

李渊退位后，又度过了9年的太上皇生涯。李渊开始的几年是在太极宫生活的。一直到贞观三年（629年）四月，他才从太极殿迁出，搬到了大安宫。与历史上的太上皇的境遇不同，李渊做太上皇，不仅个人生活平安无事，而且大唐帝国在他的继承者手里也迅速发展、蒸蒸日上。应该说，李渊做太上皇，尽管有不得已的因素，但是他能够在面临突发事变时认清形势，能够审时度势、因势利导，避免了在宫廷政治当中引起更大的政治危机。在大安宫生活期间，李渊除了参加唐太宗举行的一些酒会外，几乎不曾离开过这里。后来，唐太宗经常到九成宫（即隋朝的仁寿宫，位于今陕西麟游）避暑，他也不愿意出行。贞观八年（634年）十月，唐太宗决定在宫城的东北方向营建大明宫，作为太上皇的"清暑之所"。由于第二年五月李渊病死于大安宫，一直到唐高宗在位时，大明宫才渐成规模。唐朝后期，大明宫取代太极宫成为新的政治中枢和宫廷政治发生的空间所在。

唐太宗之后登基的唐高宗李治是第三位唐朝皇帝。唐太宗有14个儿子。李治排行第九，是长孙皇后所生。

唐太宗即位之初，就将年仅8岁的长子李承乾立为太子。承乾为皇太子，唐太宗很注意培养他的治国能力。开始，承乾也积极上进，能识大体，唐太宗和朝廷大臣对他也颇有好评。唐太宗出巡，就往往留他在京师担当"监国"重任。不过，太子承乾生于深宫之中，长于妇人之手，缺乏阅历和远大眼界，养尊处优、喜好声色、漫游无度。由于他沾染了这些不良习气，遇事往往文过饰非，听不进别人的劝说，所作所为距唐太宗的要求越来越远，逐渐把自己推向了危险的境地。特别是后来李承乾患了足疾，不能经常朝谒，身边又多了一些小人引诱，使他在声色奢靡的道路上越滑越远，唐太宗对他也就慢慢疏远了。慢慢地，唐太宗认为太子倒行逆施，竟然动了废立之心。唐太宗开始中意皇四子也是长孙后所生的次子、承乾的胞弟魏王泰。

唐太宗曾经表示过："国家所以立太子者，拟以为君也。然则人生寿命无常，万一太子不幸，则按照次序应当母弟得立。"几乎是公开表达了如果废太子承乾则立魏王的想法。魏王泰恃宠骄横，也有夺嫡之心。他暗中利用心腹在朝廷培植势力，为自己制造舆论，又与驸马都尉柴令武、房遗爱（房玄龄之子）等人结成死党。太子承乾感觉到自己的地位岌岌可危，也一方面设法对付魏王，一方面暗中招募刺客死士，联络因政治上失意对唐太宗有不满情绪的叔父李元昌和大臣侯君集等人，阴谋发动政变。结果事情败露，被废为庶人。对于唐太宗之有意立魏王泰为太子，朝廷大臣并不配合。基于宫廷政治格局的力量对比，最终使唐太宗意识到必须以国家社稷为重。他明白了储君之位不可通过经营而得，必须服从于皇帝的意志。如果立魏王泰，便是屈从于儿子的经营。结果，唐太宗将魏王泰幽禁。他同时规定："自今太子失德不道，藩王窥伺嗣君之位者，两弃之。传之子孙，以为永制。"唐太宗把长子承乾和四子魏王同时废黜，最终决定立长孙皇后所生的晋王李治。

李治能够成为新的皇位继承人，是因为他的"仁孝"与不争。唐太宗选立李治，得到了长孙无忌等朝廷亲信大臣的拥护和支持。

贞观二十三年（649年）五月二十六日，唐太宗长逝在终南山翠微宫。太子李治即位，是为唐高宗。唐高宗即位次年改元永徽。唐高宗因王皇后没有生育，永徽三年（652年）立妃子刘氏所生长子李忠为皇太子，王皇后就渐渐失宠。长孙无忌和褚遂良等为首的顾命大臣"受遗令辅政"是唐太宗生前的政治安排，唐高宗在他们的包围中，与顾命大臣发生了冲突。唐高宗不情愿生活在以先帝遗命与他作对的政治包围圈中，他想做一个真正君临天下的皇帝。从一开始，唐高宗并没有采取过激的举动，然而，发展到最后竟毅然决然地与顾命大臣决裂。事情的导火线是在永徽五年（654年）年底到永徽六年间唐高宗决意废王皇后改立武昭仪（武则天）一事，他借皇后废立打击顾命大臣取得了巨大成功。最后在永徽六年（655年）十月，唐高宗废王皇后、萧淑妃为庶人，立武氏为皇后。在这一过程中，与他观点不一致的贞观顾命大臣陆续被流贬、处死。

后来，唐高宗由于健康原因，精力不济，就给皇后武则天展示她非凡的政治才华提供了机遇。唐高宗还曾一度想让武则天摄知国政，在他晚年，对武则天政治上的依赖越来越强烈。弘道元年（683年）十二月，唐高宗死于洛阳宫中的贞观殿，遗诏皇太子柩前即位，军国大事有不决者，兼取天后（武则天）处分。于是，被尊为皇太后的武则天依据这份遗诏执掌国政。即位的唐中宗在任用韦后的父亲韦玄贞一事上自作主张，被武则天废黜为庐陵王。接着，她又立幼子豫王李旦即位，是为唐睿宗。睿宗虽立，实同傀儡。日常行动一切听其摆布，武则天以太后身份临朝称制。

天授元年（690年）九月九日，武则天自称"圣神皇帝"，建国号大周，改元天授。洛阳改为神都，成为武周的都城，武则天成为中国历史上惟一加冕的女皇，历史上称为武周政权。在神都建立了象征天子之家的武氏七庙。唐朝太庙改为享德庙，不过依然能够得到四时享祀。这样的现实使她的称帝无法与李唐完全划清界限，毕竟，她的儿子和丈夫都是李唐的皇帝。她女性的身份使她虽然可以暂时成为新王朝的皇帝，但是仍然无法彻底把她的政治经营从李唐的皇统中抹去。

武则天称帝以来，倒也是想着按照新君的身份经营自己的帝业。她称帝后的七八年间，为继承人的选择举棋不定，犹豫不决。究竟是选择武氏同姓还是选择自己的儿子，使她左右两难。传同姓，那么武氏诸辈都不是亲生儿子；传儿子，又都是李家的后代，这是一个女皇面临的空前未有的新问题。这个问题从她登基的那一天起就遗留下来，从而一直显得错综复杂。武则天登基以后，把儿子唐睿宗降为皇嗣，仍居于东宫，皇太子李成器为皇孙，并赐姓武氏。同时，又大封诸武为王。武则天登基之初确实有些倾向武氏。她的侄子武承嗣与武三思也扬言："自古天子从未有以异姓为嗣的。"但武则天并未轻率。武则天很信任的大臣李昭德说："高宗皇帝，是陛下之夫；皇嗣，是陛下之子。陛下身有天下，理应传于子孙为万代业，哪能以侄为嗣呢？从来没有听说侄子作天子还给姑妈立庙的；要是把天下给了武承嗣，不仅有负先帝，那么高宗皇帝也不血食、断了奉祀了！"武则天点头称是。后来，狄仁杰也直截了当地对她说："陛下立子，千秋万岁后还可以配食太庙，有人祭祀；要是立侄，能让姑妈在

太庙配享吗？姑侄与母子之情，到底哪个更亲呢？陛
下虽以为这是家事，但国家大事，哪件不是陛下家事？
此事其实关乎陛下社稷江山与身后的大问题呀！"慢慢
地，武则天觉得立武姓是行不通的，武承嗣觉得太子
之位无望，也就快快不快，不久便死去了。她感到
"天下士庶未忘唐德"，而武氏又实在是难孚众望，这
使武则天稍微有些心动。

　　有一天，武则天问狄仁杰："朕昨天晚上梦见一只
大鹦鹉的两个翅膀全都折断了，这是什么征兆？"狄仁
杰回答说："武者，是陛下的姓啊！两个翅膀，不就是
陛下的两个儿子吗？如果陛下接回庐陵王，起用两个
儿子，那么鹦鹉就可重振双翅也。"经过8年的波折，
到圣历元年（698年），武则天终于将庐陵王李哲
（显）迎还，立为太子，确立了儿子的继承权。有意思
的是，又赐姓武氏。看来，武则天仍试图想把传子与
传同姓统一起来。但是通过随后的一件事来看，武则
天对于身后之事的安排，并没有对赐太子姓武而抱以
厚望。

　　圣历二年（699年），武则天命令太子、相王（睿
宗）、太平公主与武攸暨（则天侄孙，太平公主的丈
夫）等在明堂（举行大典的地方）祷告天地、共立盟
誓，表示两家共结友好，并将誓文铭刻于铁券之上，
藏于史馆之中。武则天这样做，是因为她担心将来诸
武与太子难以相容，诸武氏可能会因为受到唐宗室的
蹂躏，死无葬身之地。

　　神龙元年（705年）正月二十二日，朝中大臣张

柬之等人密谋策划，拥兵入宫，发动"神龙政变"，拥立太子监国。武则天无奈，传位儿子唐中宗。不过，重新即位的唐中宗国号复为唐，神都改为东都，仍尊武则天为"则天大圣皇帝"。神龙元年十一月二十六日，武则天在洛阳上阳宫的仙居殿死去。武则天临终前遗制："祔庙归陵，去帝号，称则天大圣皇后。"这是武则天一个痛苦的抉择，也是一个明智的抉择，一个真正的政治家总是能够审时度势。武则天虽然一度改变了男子为中心的政局，却不能改变男子为中心的社会制度。她终于从前台的主演退回幕后，甘作李唐的皇后。武则天的女皇结束了，但她也心安泰然地配享太庙，受到李氏子孙的尊扬与优礼。

唐中宗复位后，韦皇后干预朝政，勾结武三思形成新的政治势力，"权倾人主"，祸乱朝政。神龙二年（706年）七月，唐中宗立李重俊为太子。但李重俊不是韦后亲生，性格明果又不愿屈服的太子与掌握朝廷大权的韦皇后产生冲突。身为韦后党羽的武三思对太子没有好脸色，韦后之女安乐公主常凌侮太子，有时当面称之为"奴"。更有甚者，安乐公主屡次奏请唐中宗废掉太子，立自己为皇太女。景龙元年（707年）七月，不堪忍受的太子李重俊借口武三思、韦后潜结阴谋、构乱宫掖，矫诏发左右羽林兵发动了政变。太子杀死武三思、武崇训父子及其亲党数十人。但是，韦后挟制唐中宗，挫败了太子。

东宫虚位，进一步刺激了韦后攫取最高权力的欲望。

景龙四年（710年）六月，韦后乘唐中宗身体不适，在唐中宗吃的饼中放毒，将皇帝毒死于宫中。韦后临朝摄知国政，改元唐隆，大赦天下。16岁的李重茂即位后，是为殇帝，韦后被尊为皇太后。韦后在朝廷的亲信劝她仿照武则天，废掉殇帝。对于朝廷这一态势，当时人看得很清楚，京师禁军和政府要害部门都是韦家亲属，所以，京城一片恐惧。韦后为了实现女皇的梦想，计划发动新的政变。这时的宫廷政局，并没有因为唐中宗的死有丝毫好转。韦后的倒行逆施，引起了宗室内部的激烈反应，宫廷政局发生了更大的动荡。

唐睿宗的儿子李隆基和武则天的幼女也是李隆基姑姑的太平公主商议，决定先下手为强，一举诛灭了韦皇后一党。诛杀韦氏之后，殇帝退位，唐睿宗登基。

唐睿宗是唐高宗的第八个儿子，也是最小的一个儿子。他也是武则天所生四个儿子中最年幼的一位。唐睿宗一生两度登基即位。第一次是在嗣圣元年（684年）二月七日，这次即位是在其父高宗皇帝死后的第二年，他是以豫王李旦的身份取代了皇兄中宗。第一次登基时他22岁，与他的父亲高宗皇帝登基时的年龄一模一样。他第二次登基已经是景云元年（710年）六月二十四日。唐睿宗两次即位相距长达27年，在这期间，唐朝历史的发展经历过地覆天翻的变化，宫廷政局可以说是波折动荡，政变频频发生。

两年后，唐睿宗传位儿子李隆基唐玄宗。唐玄宗开元时代，呈现出令人振奋的新气象。大唐帝国宫廷政治的演进也进入了一个新时代。

七　唐玄宗时期宫廷政治

唐玄宗李隆基是唐睿宗的三子，因为谥号为"至道大圣大明孝皇帝"，历史上往往称为"唐明皇"。

唐玄宗由"三郎"成为储君，是因为平定韦皇后之乱和拥立唐睿宗之功，先已为皇太子的长兄李成器（李宪）主动推让，但李成器也得善终并在唐玄宗时期得到应有的礼遇，死后得追尊"让皇帝"的称号。唐玄宗登基还来自父亲唐睿宗的主动退让，唐睿宗甘愿自居太上皇而让位，安享晚年，这在其他时代宫廷政局的皇位继承中属于很奇特的情况。唐睿宗死后安葬之地桥陵是所有唐帝陵中规模最为宏伟的一座，这和唐太宗对待太上皇唐高祖相比，也是有所区别的。

唐玄宗登基后，在宫廷内外、朝野上下和家族关系内部，进行了调整，展示出唐玄宗铁血无情和温情慈爱的交织，显露出他果敢杀戮、大胆决断的不凡手段。

唐玄宗即位时的王皇后是他作临淄王时的妃子，唐玄宗诛韦后、灭太平，她都"颇预密谋，赞成大业"。其父王仁皎与同胞兄长王守一都是这几次政治冒险的积极参与者和支持者。王皇后婉淑贤顺，宫中上下衷心拥戴。唐玄宗后来宠爱的武惠妃，恃宠邀位，有取代王皇后之心。王皇后日常对手下有恩，唐玄宗无计可施，任凭武惠妃软语硬磨，他也没有轻率地强行废立。据说，唐玄宗在开元十年（722年）间曾与亲信大臣、秘书监姜皎探讨过废黜王皇后的可能性，当时惟一能找到的理由就是王皇后无子。然而事机不密，姜皎泄露以后被王皇后的妹夫、嗣濮王李峤奏闻，弄得唐玄宗十分被动，只得下令宰相追查此事。中书令张嘉贞见皇上动了真怒，就穷追猛打，王守一劝说张嘉贞从严查处。张嘉贞乐得做此人情，遂把责任推到姜皎身上，构成其罪。姜皎被杖责之后治罪，后死于流放途中。

姜皎事件，使王皇后感到处境艰难。后来朝廷舆论都认为姜皎之死太冤，唐玄宗令以礼安葬，并派人存恤其家。姜皎事件之后，废后一事暂时搁置起来。王皇后之兄王守一为了能够使她能生个儿子以塞众人之口，竟然劝皇后行压胜之术，寄希望从旁门左道谋求生路。这一法术自汉魏以来较为流行，但宫中均明令禁止。唐律中将"造畜蛊毒、厌魅"定为十恶罪之"不道"。此事被武惠妃觉察并告发，唐玄宗闻知，大为震怒。唐玄宗亲自审问，令王皇后百口难辩。开元十二年（724年）七月王皇后被废为庶人，王守一赐死。

王皇后被废后，武惠妃在宫中炙手可热。然而，唐玄宗对是否立武惠妃为皇后并没有表现出任何明确的意愿。武惠妃，是武则天的侄子恒安王武攸止的女儿。惠妃为唐玄宗特设的三妃之一，宫中已是宠贵至极，不过较之皇后之尊是地远天隔，不可同日而语。武惠妃谋求做皇后的消息一传出，立刻就引起了朝臣的强烈反应。朝廷大臣除了拿礼法谏诤外，提醒唐玄宗要注意朝廷局势的稳定，在极力维护唐玄宗至尊地位的名义下郑重指出立武惠妃为皇后不合适。这使唐玄宗明白了朝廷之上存在着一股反对立武的力量。他不愿冒险激起朝中对武周政治的痛苦回忆，作为一位成熟的政治家，他知道根本没有必要在立武一事上与朝中臣僚闹翻脸，因为他现在的局面完全不同于当年唐高宗立武则天之时。唐玄宗在遇到阻力后，很快就对立武失去了热情，在以后的十几年中，武惠妃"宫中礼秩，一同皇后"，这只是给予她的一种政治待遇与生活礼遇。武惠妃一直到开元二十五年（737 年）十二月死前，都没有获得皇后的名分，"贞顺皇后"的美谥，是在她死后追赠的。

自从唐玄宗废王皇后以后，皇后之位形同虚设。此后只有唐肃宗立张氏、唐昭宗立何氏为皇后，前者是在安史之乱中，后者是在唐末混乱之世，可作别论。其他像唐玄宗宠爱的杨玉环，仍只是加以贵妃之号，没有给她皇后的名分，后来像唐德宗皇后王氏是在她死的当天册立的，宪宗懿安皇后郭氏等也都是死后加册。皇后要到死后加谥，正是从唐玄宗时确立的。所以，唐玄宗对于控制内宫势力是有很大功劳的，历史上说他溺于内宠、嬖幸杨贵妃而对他大加诋毁，恐怕有些言过其实。唐玄宗对于后妃从政治上的控制还是成功的，武惠妃入主中宫的美梦幻灭，其实显示出玄宗皇帝政治上的成熟与非凡气度。

唐玄宗即位后，于开元三年（715 年）正月册立了既非嫡出，又非长子的次子李嗣谦（开元二十三年七月改名为李瑛）为皇太子。由于他尚未成年，直到开元八年（720 年）正月初一，才加元服。后来，由于其母赵丽妃失宠，皇太子李瑛的地位岌岌可危。唐玄宗的第十八子、武惠妃所生的寿王瑁越来越得玄宗的器重。武惠妃生寿王瑁后，由唐玄宗的长兄宁王妃元氏亲自哺乳，寿王在宁王府中生活了十余年。武惠妃得宠以来，开始为寿王瑁的政治地位经营，太子瑛心中难安。与太子瑛际遇相同的还有鄂王瑶、光王琚，他二人与太子瑛常居于宫内，因其母亲失宠而发牢骚，语言之间，不免对武惠妃充满仇恨，还会涉及玄宗皇帝。武惠妃向唐玄宗告状，说太子暗中结党，拉拢亲信，加害她们母子，还指斥至尊。唐玄宗听罢，龙颜大怒，立即召集宰相，打算把几个儿子废掉。当时的宰相张九龄以"太子天下本"为由坚决反对，此事一时被搁置。张九龄被罢免之后，武惠妃与其党羽抓住有利时机，开始了紧张的谋划。

到开元二十五年（737 年）四月，武惠妃就策划了一场夺宫之变。武惠妃为了坐实太子瑛谋反，派人欺骗太子说："宫中有贼，请介以入"，也就是要他武装入宫。同时得到消息的还有鄂王瑶与光王琚。武惠妃得知太子应承之后，就向唐玄宗报告说："太子与二王谋反，已全副武装准备入宫了。"玄宗闻知，十分警觉，立即派宦官亲往侦察，回来的人报告说，惠妃所言属实。这样一来，唐玄宗就无法坐视不管了。唐玄宗仍然是找来宰相商议对策。宰相李林甫老调重弹："此陛下家事，非臣等所应该参与。"李林甫把太子废立说成是皇帝的"家事"，实则是耍滑头的一种惯用手法。这实际上是坚决拥护皇帝行使最终的裁决权，给皇帝决断以无条件的支持。宰相的这一态度，促使唐玄宗终于下了决心，太子瑛与鄂王瑶、光王琚被废为庶人。不久，又被赐死。一日之中三位皇子被送上茫茫黄泉路，使朝野上下为之震惊，多数人感到痛惜。历史上称为"三庶之祸"。其实，武惠妃的这一场骗局，既欺骗了皇太子，又蒙骗了皇帝。

三庶之祸后的很长一个时期，唐玄宗陷于极端苦闷之中。武惠妃也患了一种怪病，经常好端端地突发神情失常，满脸惊恐之状，嘴里叫着"三庶人"的名字，知情者均认为是太子瑛兄弟三人冤魂不散。武惠妃因恐怖而成疾，到开元二十五年（737年）十二月，刚刚四十出头的武惠妃痛苦地死去。武惠妃死后，唐玄宗仍然没有对太子人选轻率做出决定，他内心在诸皇子间反复权衡着。

有一次，唐玄宗召来宰相李林甫商议，李林甫推荐了寿王瑁。他力劝皇上立寿王的理由很简单，就是"寿王瑁年已成长，储位攸宜"。然而，寿王瑁已经长大成人的理由显然很难经得起推敲。寿王瑁排行十八，人呼为十八郎。除去三庶人及早夭的数子之外，寿王之上尚有长子庆王琮、忠王屿（即李亨）、棣王琰、荣王琬、仪王璲、颍王璬、永王璘等人。唐玄宗心中很强烈的感觉，恐怕不是因为寿王瑁在年龄与政治资历上不适合于太子身份，而是不情愿看到新选定的皇位继承人与朝廷宰相之间在政治上存在如此深厚的渊源。从这一考虑出发，寿王瑁被选中的可能性就极小了。

随着时间的推移，唐玄宗心中的焦虑更甚。他"自念年岁越来越高，三子同日诛死，继嗣未定，常忽忽不乐，寝膳为之减。"继承人不能最终确定，使唐玄宗大伤脑筋，寝食不安，茶饭无味。这一切被他的心腹宦官高力士看在眼里，急在心头。高力士久历政治风云，极富政治经验，个人生活的浮沉使他颇知自律，因此，高力士多年追随唐玄宗，忠心耿耿，但言行举止十分谨慎，尤其牵涉宫闱及军国大事，他的言语更是小心翼翼。不少皇亲国戚、朝廷权贵都想方设法巴结他。高力士总是很有节制，平日主要在宫内活动，与文武百官打交道多是奉旨或因公而行，很少走出外宅。与他来往的至亲同好，遇有违犯国法之事，他也从不干请有司，替他们说情。平日待人和善巧密，大家对他都有很好的印象。唐玄宗对他更是宠信有加，常常挂在口头上的一句话就是"力士当上，我寝则安。"就是说，有高力士伴驾，他就睡得踏实。

深谙唐玄宗心思的高力士借伴驾之机，瞅准机会对皇上近来寝食不安表示了自己的关心。唐玄宗也无意在自己的亲信内侍面前掩饰内心的焦虑，他也需要从身边的人身上得到一些消息。唐玄宗听他来问，也就敞开心扉。唐玄宗反问道："汝，我家老奴，岂不能揣知我的心意！"高力士也不回避，直入正题："得非以郎君未定邪？"唐玄宗点头承认。高力士又道："大家何必如此虚劳圣心，但推长而立，谁敢复争！"一副十分关心的神情，且称唐玄宗为"大家"，称皇太子为"郎君"，乃是宫中家奴对皇帝和皇太子的称呼。这番话不显山不露水，却很清楚地表达了高力士对事态的冷静分析和态度。"推长而立"，正是唐玄宗多日来想得最多的一个环节，现在从高力士口中讲出，自然大大地符合唐玄宗的心思，唐玄宗听高力士说完，就不由得连连点头，不住地说："汝言是也！汝言是也！"唐玄宗于是下定决心，于开元二十六年（738 年）选定了皇三子忠王玙。这就是后来的唐肃宗李亨。

天宝十四载（755 年）十一月九日，一个得到唐玄宗无比信任的守边将领安禄山在幽州举兵叛乱，与大唐帝国分庭抗礼。天宝十五载六月九日，潼关失守。真的是"渔阳鼙鼓动地来，惊破霓裳羽衣曲"。六月十三日，唐玄宗急忙率领一小部分亲信逃出长安。明末清初的大学者王夫之评价说："天子出奔以避寇，自玄宗始。"

逃亡的第二天，途经马嵬（今陕西兴平县西北 23 里的驿站），皇太子李亨利用宦官李辅国暗中联络龙武大将军陈玄礼发动兵变，处死了宰相杨国忠。唐玄宗又被逼无奈，三尺白绫将自己的宠妃杨玉环送上了黄泉路，这就是唐朝历史上著名的马嵬之变，这是在野外荒郊演绎着的京师之内的宫廷政治的一幕。"君王掩面救不得，回看血泪相和流"（《长恨歌》），唐玄宗的皇帝权威遭到挑战。兵变之后，陈玄礼身为禁军首领，在处死杨贵妃后，带头向玄宗表示效忠，确保了唐玄宗的人身安全。因此，太子策划政变虽然意在夺权，但并没有像历史上很多政变一样危及皇帝，应当说，陈玄礼的政治立场一定程度上影响了马嵬之变的结局。唐玄宗继续前往四川，"旌旗不整奈君何，南去人稀北去多"（唐人张祜《马嵬坡》），太子李亨一手策划马嵬兵变，诛杀杨氏，矛头已指向了唐玄宗，父皇入蜀不可逆转，他只有分兵，另谋发展，父子分道扬镳更势在必行。所以说："马嵬涂地，太子不敢西行。"这一点，他们父子心中都很清楚。唐玄宗一路艰阻，到达成都。太子李亨则分兵北上灵武，另立朝廷，登基称帝，这就是唐肃宗。

唐肃宗灵武即位，打出了平叛靖乱的大旗。成都的唐玄宗得知灵武即位的消息后，深谙宫廷政治斗争奥妙的唐玄宗不想节外生枝，他因势利导，顺水推舟，立即颁布了传位诏书，承认这一既定事实。唐玄宗认可了处于前线的唐肃宗组织平叛的身份，他是想把戡乱之重任寄托在李亨身上，希望他能以国家安危为重。但是，唐玄宗并没有完全交付政治权力，他依然保留了以太上皇身份发布命令、处置国政、任命宰相等一系列权力。他同时还表示，所保留的权力在重归长安以后将统统放弃。于是，在后方的成都和前线的灵武形成了两个政治中心。这对于当时的国家政治体制、对于前线的平叛、对于作为太上皇的唐玄宗和儿子唐肃宗之间的关系，都产生了巨大影响。唐玄宗父子各以平叛为目标，互有妥协、让步，形成了由唐玄宗（太上皇）与唐肃宗（皇帝）各掌大权、共同进行平叛战争的政治格局。这一格局在历史上十分少见，这是天下大乱中出现的特例。

在京师光复以后，唐玄宗一行被唐肃宗迎还长安。唐玄宗就以太上皇身份居住在生活多年的兴庆宫内，唐肃宗则以皇帝之尊居大明宫。

身为太上皇的唐玄宗在兴庆宫中的活动，一直受到严密监控。不过，在很长一段时间，他在南内兴庆宫中仍可自由活动。唐玄宗也偶尔会去大明宫看一看，唐肃宗也时常从夹城之中来兴庆宫请安。唐玄宗身边仍旧是追随他多年的老臣，像龙武大将军陈玄礼、宦官高力士等人和往日宫中内侍、梨园弟子，以及玉真公主、如仙媛等。唐玄宗在兴庆宫也不时前往临着坊曲大道的楼上徘徊观览，眼望楼下，感慨良多。城中父老从楼下经过者，往往会看到太上皇的颜容，不时也会表达对这位老皇帝的瞻仰，高呼"万岁"。

此刻唐玄宗的身体依旧硬朗，只是生活因身份的变化而大受掣肘，儿子唐肃宗对他很是放心不下。乾元元年（758年）冬十月，唐玄宗曾往华清宫，十一月时就匆匆而还，如此不尽兴，原因无他，实因"从官嫔御，多非旧人"。他从华清宫往返，唐肃宗都亲自到城东灞上迎送。唐肃宗亲自牵着太上皇的坐骑走了百余步，在唐玄宗劝阻下，方才停下。这种尽心尽意，貌似尽臣子之孝，实则是对唐玄宗意存防范。

面对兴庆宫和华清宫熟悉的一草一木，不禁会勾起唐玄宗对往事的追忆。据说，唐玄宗曾动过改葬杨贵妃的念头，唐肃宗亲信宦官李辅国等不从，宰相李揆为此向唐肃宗陈奏其中利害："龙武将士以杨国忠反，故诛之。今改葬故妃，恐龙武将士疑惧。"李揆是提醒唐肃宗，若是以礼改葬杨贵妃，将会反映朝廷对马嵬之事的态度发生改变，那将对现有宫廷政治格局不利。唐肃宗也就制止了这一举动。唐玄宗只得密令近侍暗中把杨贵妃改葬他处。唐玄宗改葬贵妃而不能自主，反映出此刻已身不由己。他在兴庆宫中耿耿不乐，常常自吟李太白《傀儡》诗"刻木牵丝作老翁，鸡皮鹤发与真同。须臾弄（一作'舞'）罢浑（一作'寂'）无事，还似人生一世中"。权力丧失后的怅惘之态，跃然纸上。

对于兴庆宫中的唐玄宗，唐肃宗从未丝毫放松戒备。唐肃宗的亲信宦官李辅国曾对唐肃宗说："太上皇居兴庆宫，天天与外人来往，陈玄礼、高力士谋不利于陛下。今六军将士都是随陛下到灵武的勋臣，他们心中犯嘀咕，臣晓谕无效，不敢不报告给陛下。"这就是拿唐肃宗最敏感的事情刺激他。李辅国用六军将士来影响唐肃宗，用意当然也很明显。后来，唐玄宗在兴庆宫召前线掌握军队的大将郭英乂等人"上楼赐宴"，另有"剑南奏事官"经过楼下礼拜舞蹈，太上皇命玉真公主、如仙媛设宴做东，引起了唐肃宗的高度警觉。郭英乂乃是玄宗朝河陇名将郭知运之子，此时以右羽林大将军之职充任陕州刺史、陕西节度使、潼关防御使，在平叛大军正在洛阳与叛军相持之时，郭英义的处境十分微妙。唐玄宗宴请地方军将和剑南奏事官，唐肃宗岂能坐视不顾！于是，在上元元年（760年）七月，发生了太上皇唐玄宗被逼由南内兴庆宫迁往西内太极宫的事件。

逼迁太上皇早有预谋，而且布置周密。

在李辅国出面逼迁太上皇的当天清晨，唐玄宗曾离开南内到大明宫。在太上皇一行欲由夹城返回南内时，李辅国率领数百铁骑逼近马前，不由分说，便来牵太上皇的坐骑，高力士大吃一惊，忙下马争持："纵有他变，须存礼仪，怎么可以惊吓太上皇圣驾！"李辅国也不在乎，大声呵斥道："老翁大不解事，且去！"说罢，一刀将高力士的一位随从砍了。高力士不顾个人安危，仍手持太上皇坐骑的辔头，站护马前。这番情景，就连久经风雨的唐玄宗都几乎惊吓落马。李辅国道："皇上说兴庆宫狭小潮湿，要迎太上皇迁居大内。"唐玄宗只得听从摆布，前往西内安置，从此再没有返回南内。

唐玄宗到达西内，仍心有余悸，他对高力士讲："微将军（他在宫中称呼高力士为将军），阿瞒（唐玄宗的自称）已为兵死鬼矣。"李辅国在完事后，与六军大将素服见唐肃宗，名为请罪，实则邀功。唐肃宗对他说："南宫、西内，也没有什么区别！卿等恐小人蛊惑，防微杜渐，以安社稷，不要有什么不安！"所谓防微杜渐，就是担心太上皇复辟，再掌朝纲。唐玄宗迁居西内之后，就处于唐肃宗的掌控之中，失去了往日在兴庆宫中的自由，每日观看宫人扫除庭院，修剪草木来打发时光。不久，陈玄礼被勒令致仕，高力士被削职除名，长流距京师 3000 里外的巫州。亲信离去，旧日的宫人都不得留左右，唐玄宗在与外界隔绝的西内之中，完全成为孤家寡人。被征还入朝任刑部尚书的颜真卿率群僚上表，问候太上皇起居，随即被贬为蓬州长史。唐玄宗精神郁闷，了无生趣，从此不食荤腥，进而发展为辟谷。风云一生的唐玄宗在政治生命终结后，心境百无聊赖，身体也迅速垮掉。

上元三年（762 年）四月五日，78 岁的太上皇在西内太极宫神龙殿内驾崩。由于唐肃宗病重，实在无法亲临治丧，只在内殿发哀。不久他也匆匆安排后事，令皇太子李豫权当监国之任，改元年为宝应元年。唐玄宗死后 13 天，唐肃宗也在寝宫病逝。

一直到宝应二年（763 年）三月，唐玄宗的孙子唐代宗在平定了安史余孽之后才腾出手来为他们治丧。唐代宗整整废朝一个月，朝野上下举哀，办妥了"两宫"的后事。唐玄宗开创了一代盛世，把大唐帝国送上了最强盛的峰巅，同时也目睹了大唐帝国从巅峰跌入了永劫难复的深渊。

唐玄宗死后，大唐帝国的这一灾难性巨变还没有停止，无尽的梦魇仍在持续。盛世繁华的惊梦醒来，大唐帝国的宫廷政治也从此改变了走向。

八 北宋宫廷政治

公元960年，北宋太祖赵匡胤开国，建都开封汴京。

赵匡胤死后，皇位由他的弟弟太宗赵光义继承。据说，宋初曾有金匮之盟，是宋太祖的母亲皇太后与赵匡胤的弟弟赵光义之间的约定，皇位在他们兄弟之间相互继承，赵光义再于身后传位给赵匡胤成年的儿子，这是鉴于五代幼主被外姓谋篡的教训。但是，宋太宗并没有遵守这一约定。至道三年（997年）三月，宋太宗驾崩。由早在至道元年（995年）八月被立为皇太子的宋太宗第三子赵恒即位，是为宋真宗。宋真宗是北宋的第三任皇帝。此后北宋的皇帝都再不是赵匡胤的直系血统，直到南宋孝宗时期。

宋真宗即位后，立郭氏为皇后。但是，他喜欢多年与之暗中往来的刘娥。宋真宗将刘娥接到宫中，先立为美人，成了他的妃子。刘娥入宫后，尽管受宠，但因中宫有郭皇后，她的地位多年没有提升。景德四年（1007年），郭后病死，中宫虚位，宋真宗有意将刘娥册立为皇后，不少大臣纷纷提出反对，阻力很大。

宋真宗只好将刘娥拜为德妃——这是皇后以下地位最高的三妃之一。朝中有些善于察言观色者如丁谓等，乘机附和皇帝。宋真宗最终下定决心，立刘娥为皇后。刘娥入主中宫，是她的政治生涯中极为重要的里程碑。

几十年来，她与宋真宗暗中偷情的生活、入宫后并不惬意的日子，倒使刘娥养成了善于观察、遇事机敏的性格。不言而喻，这种经历对于人过中年方立为皇后的刘娥来说，是一笔终生享用不尽的财富。在后来，也使她能够在宋真宗的政治生活中施加影响。

据《宋史》记载：刘后生性警敏机智，善解事体，通晓经史。多年来，凡是她耳闻目睹的宫廷内外之事，不分大小巨细，都可记其本末，言其梗概。宋真宗每次退朝回宫，因为要批阅天下封事奏章，常常要到夜半三更方能完毕。每当这时，刘后都始终与宋真宗相伴，并对一些事情的处理发表自己的意见。如果遇到疑难问题，刘后尚能引征以往故事用以参考。这样一来，不但培养了刘后的政治才干，也进一步加深了她与宋真宗的感情。正因她与宋真宗之间在政治上存在着共同的志趣，她才得以在宋真宗的感情深处占有固若磐石的位置。由于宋真宗的宠幸和信任，刘后在政治上的影响越来越大。在她周围，也逐渐形成一股政治势力，并在宋真宗晚年宫廷内激烈的斗争中表现得极为明显。

宋真宗晚年多病，政事处理多倚重于刘后，刘后的权力逐步扩大。特别从天禧四年（1020年）以后，宋真宗又患风疾，言语表达很是困难，他经常神志恍惚，说过的话、许过的诺，转眼就忘，无法正常处理国政。多年来，一直充当他的政治伙伴的刘后，乘机把持了大权，朝廷之事遂多由她决断。刘后权力的急剧膨胀，遭到了一批大臣的强烈反对。其中以宰相寇准为首，同时还有参知政事（副宰相）李迪和翰林学士杨亿等有名望的大臣。寇准是太宗朝老臣，宋真宗其实因他的大力支持才得以皇三子登基继统。对于朝野上下享有众望的寇准，刘后无法等闲视之。为了能够和寇准等朝廷老臣相抗衡，她重用了丁谓、曹利用等。刘后假手丁谓、曹利用等人对付寇准，是巧妙地利用了他们与寇准之间的宿怨。

宰相寇准为了扼制皇后预政干权，曾建议以皇太子监国。皇太子是宋真宗六子赵受益，天禧二年九月被册立。天禧四年（1020 年）六月，寇准秘密启奏宋真宗："皇太子国之储君，人所属望，愿陛下以宗庙社稷为重，使令监国，择方正大臣为羽翼，尽心辅弼。丁谓、钱惟演，奸佞小人，不可使辅佐少主。"宋真宗表示同意。不料，事机不密，寇准酒后失言，走漏了风声。丁谓得知后，立即预感到这是一场重大阴谋，便去向宋真宗告状。刘后自然不能袖手旁观，宋真宗竟然同意免去寇准的宰相之职，罢他为太子太傅，封莱国公。丁谓、钱惟演怕寇准再次入为宰相，极力在宋真宗面前搬弄挑拨。钱惟演说："寇准结党朝廷，权炽势盛，如今朝廷之上三分之二的人都依附于他，且又阴谋拥立太子以自重，理应早日贬出京城。"在宋真宗尚未表态之际，发生了一场未遂的宫廷政变，又使寇准再次遭到刘后一派的沉重打击。

这场政变的策划者是宦官周怀政。

周怀政时任入内内侍省副都知，兼领太子东宫左右春坊事务，地位显要，又深得宋真宗宠信。天禧四年春的一天，宋真宗感到自己病情加剧，担心从此不起，曾头枕着周怀政的大腿与他说起后事，打算让太子监国。周怀政闻言，便将皇帝的意思告诉了与他交往密切的寇准。寇准被罢相后，丁谓也乘机疏斥周怀政，使他不得亲近皇上。周怀政心中不安，决定铤而走险，阴谋奉宋真宗为太上皇，传位太子，废除皇后，杀死丁谓，再让寇准入内执政。周怀政与弟弟礼宾使周怀信私下招来客省使杨崇勋、内殿承制杨怀吉等商议，打算在当月二十五日动手。不料，此事被杨崇勋等出卖。丁谓得到消息，不敢有丝毫的怠慢，连夜化装，乘着妇人用的车子秘密赶到枢密使曹利用家商量对策。第二天，曹利用入奏此事，按照正常程序将周怀政收捕处斩。事后，丁谓又与刘后商议，派人去追捕周怀政的党羽、大兴符命妖书的朱能，目的是想借机把寇准牵扯进去。结果，朱能拒捕，杀死中使，把事情弄大。刘后乘机将有关人员一律严办，已经被贬到相州（今河南安阳）的寇准因与朱能有来往交结，被从相州再远贬到道州（今湖南道县），朝中与寇准关系密切的臣僚皆被斥退。从此，反对刘后的力量被大大削弱。

但是，继寇准为相的李迪，仍是刘后的老对头，处处使刘后感到不舒坦，她就把丁谓任命为中书平章事（宰相）排挤李迪。李迪对此大为气愤，他向宋真宗诉陈丁谓等相为朋党，"罔上弄权"，表示愿与丁谓一起解除相职，付御史台劾正，另选贤臣为辅。结果，因刘后出面干预，李迪罢相后，丁谓仍旧留任。这样一来，丁谓在中书，曹利用、钱惟演在枢密院，两府长官和禁军将领都是刘后亲信，她完全控制了政局，宫廷政局之中再没有力量可以与她公开抗争了。

由于刘后的亲信大臣丁谓、曹利用等又兼任东宫属官，东宫太子实际也处在刘后的控制之下。因宋真宗病情加重，皇太子遵旨五日一开资善堂亲政，听辅臣参决诸司事，遇事仍由刘后裁决于宫内。这样一种局面，使不少人为之担忧。参知政事（副宰相）王曾就对钱惟演说："眼下太子年幼，若得不到皇后支持，便不能立身固本；皇后若不依整皇太子，也难使天下人心归附。现在皇后若加恩于太子，那么太子之位必保平安，太子安则刘氏也可保平安无虑了！"钱惟演觉得有道理，便借进宫的机会悄悄地把话传给了刘后，刘后也深以为是。从此，刘后对太子的态度极为收敛。刘后羽丰翼满、大权在握，要在宋朝宫廷政治舞台上大显身手了。

乾兴元年（1022年）二月，宋真宗病死。遗诏太子赵受益（更名祯）枢前即位，13岁的皇太子赵祯登基，是为宋仁宗，尊刘后为皇太后，淑妃杨氏为皇太妃。按照宋真宗的遗诏，"尊（刘）皇后为皇太后，权处分军国事"。这样一来，刘后决断军国大事就有了先帝的遗诏，当然就具有了合法性。宋仁宗初御崇德殿时，为已是皇太后的刘后设幄次于承明殿，垂帘以见辅臣。

经过有关部门的讨论，还规定了皇太后垂帘听政时的礼仪：大臣奏表由内东门承递，另差入内内侍省都知一人跪授传进，皇太后所降批答，首书"览表具之"，末云"所请宜许或不许"。刘后颁布制令自称"吾"，这成为刘后垂帘听政时期的基本仪式。根据仪注规定，刘后生日称长宁节，同皇帝生日称乾元节一样，同为国家大庆的节日。她平日出入乘坐大安辇，鸣鞭侍卫仪仗一如皇帝乘舆。天下皆避其父刘通名讳，群臣上尊号曰应元崇德仁寿慈圣太后。从此，刘后以皇太后的合法身份开始垂帘听政。自从仁宗开始以后的北宋六帝，还另有四位垂帘听政的皇太后（仁宗曹后、英宗高后、神宗向后、哲宗孟后），而刘后则是北宋历史上皇太后垂帘听政的第一位。

刘后垂帘听政之初，立即再次贬斥旧日的老对头寇准、李迪二人。按宋朝祖宗家法，不能随意诛杀大臣，寇准被贬往海南雷州烟瘴之地，又年迈体弱，一年多就病故了。回过头来，刘后还果断地贬黜了旧日的私党丁谓及其党羽。原来，丁谓自刘后临朝以来，勾结宦官雷允恭，权倾内外，擅权弄威，内挟太后，引起刘后不满。可巧，丁谓任山陵使主持营建宋真宗陵寝时，任山陵都监的雷允恭又自作主张，擅自移动皇堂位置，引起刘后不快，被责以做事过于轻率。结果，雷允恭被诛，丁谓被罢免。数年后，枢密使曹利用也因冒犯刘后的威严被贬。在被贬斥的途中，曹利用被宦官以言语相逼，不堪受辱，竟然自杀而死。

贬斥了丁、曹二人，刘后进一步收到了树立个人权威的效果。据史书记载："丁谓、曹利用既以侮权贬窜，而天下对刘后惕然畏之！"同时，刘后又将钱惟演免职，起用了久享盛名的鲁宗道、吕夷简进入朝廷中枢，起到了笼络天下人心的效果。

随着她垂帘听政的日子越来越长，刘后追求权力的欲望也越来越强。"天圣"是宋仁宗即位后的第一个年号，也是刘后垂帘听政时期最初十年当中的年号。按照宋人的说法，"天圣"就是"二人圣"，也就是刘后与仁宗皇帝二人同为圣人。"天圣"之后的年号叫"明道"。按照宋人的说法，"明道"为"日月"之道，仍然是比拟宋仁宗和以女主垂帘的刘后。看来，宋人对于刘后的当政是印象深刻的。这两个年号也正是当时的儒臣为了迎合刘后垂帘的"时事"。

事实上，刘后当政时期，无论是日常生活起居还是在政治活动中，她所要求的礼仪规格处处比拟至尊，甚至凌驾于仁宗皇帝之上。但每当这种苗头一露，她就立即遭到朝中大臣的坚决抵制。有时，哪怕她只是一种试探性的甚至无意识的举动，都会惹得那些视大宋皇统神圣不可侵犯的大臣们群情激昂。有一次，刘后与仁宗一起前往慈孝寺。刘后想让自己坐的大安辇走在仁宗的乘舆前面，参知政事鲁宗道当面谏道："妇人有三从之义，在家从父，出嫁从夫，夫死从子，太后岂可先皇上而行！"刘后无奈，只得令自己的大安辇尾随乘舆而行。鲁宗道为人刚直，疾恶如仇，胸怀坦荡，刘后身边的人都很惧惮他，因其骨鲠如鱼头，加上其"鲁"姓，又以"鱼"字打头，便送他个绰号叫"鱼头参政"。宋天圣四年（1026 年）十二月底，仁宗提出在新年元旦（旧时正月新年也称为元旦）之际先率百官向皇太后上寿，即行跪拜祝贺之礼，然后再受百官朝贺。刘后表示谦让，大臣王曾乘机奏道："陛下以孝奉养母仪，太后以谦保全国体，请如太后命。"结果，宋仁宗根本不听。到天圣七年（1029 年）冬至，仁宗仍先率百官拜贺刘后以后再受大臣的朝贺。这时，任秘阁校理的范仲淹上疏说："天子有事亲之道，无为臣之礼；有南面之位，无北面之仪。若奉亲于内，行家人礼就行了，而今与百官同列，行臣子之礼，有亏圣君尊体，有损主威，不可为后世法。"因此，刘后临朝的十几年间，宋仁宗虽为傀儡，但仍保持其皇统地位。

然而，刘后从来没有停止过对权力的追逐。宋明道二年（1033 年）二月，她提出要祭享太庙时穿上象征天子之尊的衮冕。明直不阿的大臣薛奎坚决反对："太后陛下若穿上天子衮冕，那该以什么身份和礼仪祭拜？是按男人的样子，还是以妇人的样子？"问得刘后哑口无言，半天没有吱声。但刘后对他的意见却并不采纳，仍坚持戴仪天冠、穿衮服举行庙享祀礼。事后，还给自己加了"应天齐圣显功崇德慈仁保寿太后"的尊号。

刘后"称制凡十一年"病死，终年 65 岁。刘后死后，仁宗皇帝曾悲痛地问左右大臣："太后病重时，口不能言，犹数次手扯自己的衣服，若有所嘱，是为何事?"薛奎说："太后一定是说她还穿着衮冕。试想，太后穿着这样的衣服，岂可见先帝于地下?"宋仁宗若有所悟，便在殓葬时给她改换了皇后的服饰。刘后颁遗诏对身后政局作出了安排：尊杨太妃为皇太后，仁宗依祖宗旧规听政，军国大事要与杨太后共议裁决。由于遭到蔡齐、庞籍等大臣的抵制，杨氏没能够按照刘后遗嘱垂帘听政。

宋仁宗的生母是宋真宗皇帝的李宸妃。李宸妃本来是刘后侍女，儿子生下之后，即被刘后抱走。刘后把婴儿交给与自己十分亲密的杨淑妃（即杨太妃）抚养，由杨氏照料他的起居饮食。连乳母林氏也是刘后的亲信。这一抱养事件，在戏曲、小说中被演义成了著名的"狸猫换太子"的故事。

自从刘后抱养宋仁宗以后，他的身世似乎就成为后宫的最大秘密，宫内外因为畏惧刘后的权威，对宋仁宗的身世讳莫如深。自然，刘后也不会向皇帝讲明原委，她一直在宋仁宗面前有意无意地回避这一敏感话题。一直到刘后死前，宋仁宗根本不知道真相。他从来没有怀疑过，他一直认为自己的生母就是刘后，宋仁宗与刘后的关系也很融洽。平日他称刘后为"大嬢嬢"（娘娘），称杨氏为"小嬢嬢"。宋仁宗即位后，生母李宸妃也从来没有对此事吐露过半句，仍在众多嫔妃中默默无闻地生活，从无自异于众人之处。

明道元年（1032年），46岁的李宸妃因病而死。垂帘听政的刘后最初打算按一般宫人的规格把她埋葬，以免节外生枝。谁知，次日早朝时，宰相吕夷简出班奏道："听说昨夜宫中一位嫔妃死了！"刘后闻奏，霍然惊道："宰相也管宫中的事吗？"她没有对吕夷简的话做正面回答，就急忙带着宋仁宗退朝了。不一会儿，刘后又单独召见吕夷简，问道："死一位宫人，相公（对宰相的尊称）如此大惊小怪，是为了什么？"吕夷简回答："臣身为宰相，事无内外，皆当参与！"刘后明白吕夷简为何对李氏的死如此关心，就怒气冲冲地喝道："你想离间我们母子之间的关系吗？"吕夷简仍心平气和地说："太后陛下若不以刘氏为念，臣不敢多说；若陛下尚念及刘氏将来，则丧礼宜从优厚"，明确反对刘后以普通宫人的规格安葬李氏。双方对所言之事都心照不宣，刘后遂以实情相告："昨日死的宫人正是李宸妃！你看该怎样发丧？"吕夷简提出殡丧礼仪要按照一品礼，隆重为其治丧。事后，他专门叮嘱入内内侍省都知罗崇勋："宸妃成殓要用皇后服饰，再用水银充注梓棺。若是丧不成礼，必有人因而获罪，到时候，不要说我吕夷简不曾作过交代。"罗崇勋完全按照吩咐办理。结果，避免了刘后身后在宫廷之中节外生枝。

宋仁宗亲政后，尽管朝廷上对刘后的非议诋毁颇多。宋仁宗欣然接受了范仲淹的规劝，下诏戒饬内外，严禁再非议刘后垂帘时的事情，正是感念其作为皇太后受先帝遗托，保佑圣躬十余年，掩其小过，全其大德。

宋仁宗因久无子嗣，他晚年又体弱多病，选立嗣君成为朝廷中的热门话题，大臣司马光、包拯、韩琦、富弼等都纷纷建议早定人选。有一次，包拯曾当面劝说宋仁宗早定太子，勿使东宫久虚，以安定朝野人心。宋仁宗问他："爱卿看谁合适？"耿直、廉洁的包拯闻听，认为皇帝这样问他是怀疑自己有私心，于是也直接奏道："臣职任御史中丞，有言事之责，奏立太子，是为大宋江山着想。陛下这样问臣，是怀疑臣有异心。臣已年过七十，且无子孙，岂是邀取后福之人！"宋仁宗听了，释然一笑，不过仍然表示："此事当从长计议！"后来，宰相韩琦也乘机奏言："皇嗣，身系天下安危。自古祸乱，皆由不早定人选。陛下年事已高，为何不从宗室中选贤而立，这是为宗庙社稷考虑呀！"正巧，当时宋仁宗有位妃子已近分娩，他还抱有一线希望，结果仍生一女。但见得子无望，宋仁宗便在诸大臣与曹后的劝说下，同意选立宗室之子为嗣。经过斟酌，赵宗实被选立为皇子，改名赵曙。早在景祐二年（1035 年），宋仁宗就把 4 岁的侄子、濮王赵允让的十三子宗实接入宫中，由曹皇后抚养。

嘉祐八年（1063 年）三月最后一天的夜里，宋仁宗突然病危。一更天，把曹后召来时，宋仁宗已不能讲话，只用手指着自己的心，若有所嘱，不一会儿，就暴死宫中。左右请曹后召中书、枢密两府官员，被曹后拒绝。她说："这个关口岂可轻开宫门，只宜用密敕召两府，让他们黎明入宫。"然后，她把宫中的钥匙全掌握在自己手中，召皇子赵曙入内。并在三更天仍令向仁宗进粥，四更时还召御医，并命人看守，以掩盖真相。第二天一大早，宰臣韩琦等两府官员入宫，她才哭着告知皇上驾崩的消息，并立即着手安排皇子赵曙嗣位。赵曙惊叫道："某不敢为！某不敢为！"说着转身就往外走，结果被韩琦上前抱住，有人给他解发戴冠，有人给他穿上了御衣龙袍，把他拥立为新君，这就是北宋第五任皇帝宋英宗，曹后被尊为皇太后。英宗登临大宝，曹后鼎助之功居多。

宋英宗即位不几天，突发急症，神志不清，语言失序，呼号奔走。他的高皇后心中焦急，不知所措。在朝廷大臣的奏请下，皇太后曹氏于内东门小殿垂帘听政，暂且处理军国大事。曹太后垂帘听政时，每日往往有中外奏章十几份，她都能一一记其纲要。对于大臣奏事不能断然处理者，一般都令辅臣再行商议，并不自己专决。处理国事，也多是援引成例，极少有妄自主张者。

宋英宗在生病期间，因曾胡言乱语，曹太后与他关系一度变得紧张。朝廷大臣十分焦虑，惟恐皇帝因此被废，引起宫廷政局动荡。韩琦、欧阳修等数次向曹太后进言劝慰，说皇帝正在病中，不然，绝不会如此，请她谅解。欧阳修还说："太后仁德广布，知天下奉戴嗣君，无有异议。然太后不过一妇人，臣等不过五六个书生，若非先帝遗志，天下谁肯听从！"这样以仁宗皇帝的旧恩感动曹太后。韩琦也说："臣等与皇上仅在外朝相见，若皇上有失调护，太后也有责任！"也给皇太后施加压力。曹太后虽然没有对英宗皇帝做出过激的举措，但她确实十分伤心。

　　有一次，她曾对富弼等人说："唉，吾是位无夫孤孀的妇人，心中的苦楚真是无所告诉！"大臣们翻过来又劝英宗皇帝以诚孝待太后，在众臣的斡旋和努力下，终于使曹太后与皇帝之间的关系变得和缓了。治平元年（1064年）五月，宋英宗病愈，宰相韩琦就着手让曹后撤帘归政。韩琦取来十多份奏章请皇帝批答，然后又向曹后覆奏。曹太后见皇帝处理政事很是允当，连连称善。韩琦趁机向曹后提出辞职，求为外任，离开朝廷。其实，这是韩琦对皇太后垂帘听政一种不合作的姿态。曹太后道："相公怎可求退？老身早该安养深宫，每日在此垂帘，实在是不得已的事。且容老身先退！"说罢，曹太后起身退走，韩琦立即命人撤帘。

　　治平四年（1067年）正月，仅做了4年皇帝的英宗病死皇宫。长子赵顼即位，是为宋神宗。宋神宗即位，高皇后以母亲之尊被立为皇太后，居宝慈宫；皇太后曹氏为太皇太后，居庆寿宫。这样，在宋神宗时期，同时就有了两宫皇太后。对于宫廷生活来说，这样的状况历史上出现过多次，但是像高后和曹后这样能够相处甚好的情况并不多见。宋神宗登基后，在母亲高后的感召下，对曹后很是孝敬，平日承迎娱悦，无所不尽，在生活上关怀备至，处处讨得曹后欢心。

　　有一天，宋神宗让人制作了一辆装饰精美的车辇送给曹后。曹后坐上后，宋神宗与母亲高后左右扶持，使曹后大为开心，她笑眯眯地说："皇上和皇太后为我扶辇，有谁能比得上这种尊贵呀！我在曹家未出嫁时，连想都不敢想呢！"后来，宋神宗觉得太皇太后年事已高，一定很想念自己的亲人，但是，按照宫中制度，外姓男子不得随便入宫相会。宋神宗便几次提议让曹后已上了年纪的弟弟曹佾入宫，好和她拉拉家常，但曹后遵守祖制，坚决不同意。有一天，曹佾入朝，宋神宗又提出这一建议，曹后只得答应，但要求由皇帝带弟弟曹佾一起来。当年迈的姐弟俩一见面，神宗起身离开，想让他们共叙手足之情。没承想，他前脚出门，曹后就对弟弟曹佾说："皇上已去，这里也非你久留之地。"说着，让曹佾也离开了后宫。宋神宗见曹后如此遵循祖制，对她不禁充满了崇仰，曹后对神宗皇帝也十分慈爱。据《宋史》记载，多年来，若是神宗皇帝哪天退朝稍晚点儿，她总是一直等他回来，常常还亲自去宫门望一望。有时，曹后还亲自给神宗喂饭吃。高后见曹后对神宗皇帝如此，自己也是满怀喜悦，她也因此对曹后更加崇敬。

高后和曹后两宫皇太后主张遵循祖宗法度，在政治上都是保守派。宋神宗却想要变革法度，发奋图强。两宫皇太后在宋神宗熙宁年间就成为推行革新变法的阻力。宋神宗即位时刚刚20岁出头，他对国家财政拮据、对外（辽、西夏）被动挨打的现状不满，主张有所改作。为此，宋神宗大胆启用饮誉朝野、主张变法图强的王安石为相，罢免了韩琦、司马光等一批保守派官僚，实行新法。

从熙宁二年（1069年）开始，在王安石的主持下，朝廷陆续颁布了均输法、青苗法、市易法、免役法、方田均税法、农田水利法和置将法、保马法、保甲法等法令，同时设置军器监等，一为理财，一为整军，期望以此收到国富兵强之效。这就是历史上著名的"熙宁新法"或称"王安石变法"。围绕新法，宫廷之中展开了尖锐的斗争。变法之始，宋神宗倚重王安石，勇于改变祖宗法度，取得了一定成效。后来，由于新法触犯了上层集团的既得利益，尤其是青苗法和免役法等，使贵族的特权受到极大冲击，在推行过程中阻力甚大，加之地方官借机勒索，颇有扰民之处，被反对派抓住不放，大加攻讦。在这一时期，曹氏和高氏两宫皇太后倾向于反对派，屡次向神宗皇帝讲述祖宗法度不宜轻改的道理。

有一次，在为宋仁宗举行祭祀前几天，神宗来到庆寿宫。曹后对他说："近来天气晴和，若祭祀那天也如此就好了！"言谈之间，曹后似沉浸在对宋仁宗的怀念之中，她不无深意地对宋神宗说："当年吾每闻民间疾苦，必定要告知仁宗，他常能发布赦令，妥善处理。你也应当如此！"宋神宗道："现在并无什么事情！"曹后借机说："吾听说民间甚苦青苗、免役等法，你也应学仁宗的样子，下诏罢之。"宋神宗听了有些不高兴，只说："变法是为了利民，不是让百姓受害！"曹后道："王安石确有才学，但抱怨他的人很多，你若惜其才学，真心保全他，不如暂且把他调离朝廷，晚几年再召他回来。"神宗明白她的意思，却也不相让，答道："朝廷群臣之中，惟有王安石能竭尽报效，为国担当大事，怎可外调？"当时一位宗室祁王插话："太皇太后所言，的确很有道理，陛下不可不思！"神宗皇帝已很不耐烦，但不便对太皇太后发作，见祁王推波助澜，便怒气冲冲地对他吼道："你说我败坏天下吗？那你来做皇帝好了！"结果，大家不欢而散。

在一些重大问题上，高后与曹后步调一致。她们日复一日地说王安石变乱天下，理应罢官。反对派在两宫皇太后的支持下，也不停地诋毁新法。后来，改革派内部也出现裂隙，宋神宗开始动摇。王安石被迫辞职后，变法遭到挫折。

宋神宗晚年病重，高皇后承担了选立嗣君的重任。宰相王珪入宫探视皇帝时提出：选立延安郡王赵傭为太子，由皇太后高氏权同听政。这一建议得到了宋神宗认可。于是，10岁的赵傭（改名为赵煦）被立为太子，高后垂帘听政。

宋神宗是宋英宗与高皇后所生长子，宋英宗和其他的嫔妃没有子嗣。此刻，高后为防不测，下令自己两个已为朝廷亲王重臣的儿子岐王（后又封雍王）赵颢、嘉王（后封曹王）赵頵不得随便入宫。同时，她又暗中命人赶制10岁孩子穿的黄袍，偷偷带到宫中，以备仓猝之际急需。

在高后的布置下，打通了最高权力交接的渠道。元丰八年（1085年）三月，宋神宗驾崩，太子赵煦枢前即位，是为宋哲宗，年号元祐。高后被尊为太皇太后，神宗皇后向氏因赞同高后建储、立赵煦有功，被尊为皇太后。不久，朝廷下诏，以太皇太后高氏的生日定为"坤成节"。

高后以太皇太后身份垂帘听政之初，就开始着手废止神宗熙宁以来所行新法。她下令召回了神宗时受压抑排挤的司马光、吕公著、文彦博等元老大臣，人还未到朝廷，她就迫不及待地向他们询问时下施政当以何务为先。当司马光等人条陈尚未奏上时，她就直接遣散了神宗时招募的维修京城的役夫，削减了京城中为变法派搜集情况的觇卒，停止宫中工艺和军器监制作，等等，明确表示出自己对宋神宗熙宁改革的政治态度。这些措施，统统由高后一人专断，连宰相王珪等也不曾与闻。司马光、吕公著等人入朝，高后就直接委为执政。她倚重这批保守派官僚，更大规模地废改新法，统统恢复到熙宁变法前的模样。这在历史上被称为"元祐更化"。

高太后虽然政治上因循守旧，但她恪守法度，对外戚严格要求。高太后出身勋贵将门，曾祖高琼，乃是北宋开国元勋。母亲曹氏，是宋朝开国时的另外一员大将曹彬的孙女，宋仁宗曹皇后是她的姨母。早在宋英宗时，几次要给其弟高士林封官，都被她辞谢。儿子神宗即位后，一直想为外祖父家建一所豪华的宅院，她也坚决反对。后来，神宗把京城望春门外的一片空地赐给高家，高后坚持由家里出资修缮，不动用国库一文钱。她自己垂帘听政以后，更是杜绝以权谋私，对娘家亲戚从不乱施恩惠。两个侄子本来应被提升官职，她也坚决不同意，以至于在她活着的时候，两人都未得高升。由于宋朝朝廷官员冗滥，需要裁减，高后又率先带头，作出表率。她曾经下诏规定，凡大典节庆，先减损对高家例行推恩和赏赐的四分之一，至于对有些非分之请，更从不纵容，自己也从不乱动宫中钱物以为已用。也正是因此，她在历史上得到了"女中尧舜"的美誉。

按照惯例，元宵节前，高后母亲本应入宫观灯设宴，她垂帘听政后，高后改变了这一做法。她说："老夫人登楼观灯，皇上必加尊礼，这样一来，势必逾越旧制，吾心不安。"结果，高后只赐给她的母亲灯烛，没有请她入宫观灯。从此，宋朝的后代继承者还沿袭为定例。

高后在政治上也不像宋真宗刘皇后那样野心勃勃。廷试选人，本来是皇帝亲自主持的，当年刘后曾和宋仁宗一起亲临考选，当有司请高后也如法仿效时，她却推辞了。有人又请高后在文德殿仿效刘后受册宝，她谕令大臣说："母后临朝，本非国家盛事，文德殿乃是天子正殿，岂是女主应坐？在崇政殿就已足矣，免得让吾感到惭愧。"

尽管高后没有政治上的野心，但她垂帘初期，宋哲宗年仅 10 岁，后来虽稍稍年长，仍是高后大权在握，他很少发表意见。在此时的宫廷政局中，皇帝与后宫皇太后之间的关系也很微妙。在宫中，高后不止一次地对他说："诸大臣奏事时，你心里怎么考虑，为何总一言不发？"哲宗总是说："娘娘都已处理，还用我说什么！"慢慢地，宋哲宗更是恭默不言。难怪哲宗亲政后每与臣下谈及高后垂帘事，总是说："朕只见臀背！"说明太皇太后高氏在朝廷上垂帘听政时的位子是在皇帝前面的。

这样一种形势，高后自然会预料到朝廷上必隐含着政治风波，尤其是主张变法者对废止新法大有情绪，她很担忧。所以，她曾谆谆告诫亲信吕大防、范纯仁等说："先帝（神宗）变法非其本意，后追悔往事，曾声泪俱下，这件事皇上也很清楚。我死后，一定会有人劝皇上重行新法，但愿他不为所动。不过，到时候你们也应先行退避，离开朝廷，好令皇上另选任一番人。"有一次，她还意味深长地对范纯仁说："你父范仲淹真是大忠臣。他在刘后垂帘时，惟劝她竭尽母道。刘后仙逝以后，他又劝宋仁宗恪守子道，使各自两相为安。卿应当学习你的父亲！"高后晚年多病，她一直对身后宫廷政局顾虑重重。

有一次，吕大防、范纯仁等入宫探望，高后又对二人说："我受神宗顾托，同皇上共决国政，为了表示至公无私，我一儿一女因病至死，都没有去看一眼，你们说，我垂帘九年来，曾为高家谋过私利吗？"说罢，不禁潸然泪下。还有一次，吕大防等前来请安，宋哲宗正在一旁，高后说："我就等着死了。这些年辅佑皇上，粗究心力；区区之心，只想永葆祖宗基业，使万民安泰。不知皇上知之否！诸大臣及天下知之否！"

元祐八年（1093 年）九月，高后因病去世，19 岁的宋哲宗亲政。果然不出高后所料，她死后的第二年，宋哲宗就启用变法派官员章惇、曾布等执政，将吕大防、范纯仁等贬往岭南，并改元"绍圣"，表示"绍述"（即继承）神宗遗志，又重新推行变法。

这期间，章惇、邢恕等人还曾诬陷高后，说她当年本无意选立哲宗，借以攻击已死的高后，并自拟诏书打算将她废为庶人。时为皇太后的宋神宗皇后向氏，听到这一消息时正在午睡，一下子就跳将起来。她对哲宗皇帝说："太皇太后生前，我每日与她同居宫中，苍天在上，怎可轻信谣言！若是皇上一定要这么做，对我又该如何发落？"哲宗的生母皇太妃朱氏也极力替高后辩解，说她是蒙遭诬陷。哲宗见皇太后和皇太妃如此态度，才相信高后冤枉，焚烧了章惇等人的奏章。当章惇等人再次奏请颁诏废高后时，哲宗就很不耐烦，说："你们这么做，不是让朕将来无颜见英宗于地下吗？"这样，高后才免遭身后劫难。

宋哲宗死后，神宗皇后向氏拥立宋徽宗赵佶即位，她也同样以皇太后身份权同处理军国事务。

向氏当权以后，又重新启用哲宗绍圣年间被逐斥的保守派官员，并将所谓的"新法"完全废止。事过半载，向后病死，宋徽宗改元"建中靖国"。

徽宗在位时期，醉心丹青，沉湎艺伎，他创所谓"瘦金体"（瘦筋书）书法在中国艺术史上独树一帜，其工笔花鸟人物等书画作品成就极高。在他倡导下兴盛的宫廷画院技法，成为绘画史上的里程碑。但是，作为一位君主，他荒疏朝政，不理国事，荒淫奢侈，大修宫殿和道观。他所信用的蔡京、朱勔、王黼及宦官李彦、梁师成、童贯等，被称为"六贼"，激起朝野不满，时有"打破筒（指童贯）、泼了菜（指蔡京），便是人间好世界"的歌谣。

　　建立大金国的女真人向宋朝发起大规模进攻后，宋徽宗慌忙将皇位传给了儿子赵恒，是为宋钦宗，自己则做了太上皇。宋钦宗改年号为"靖康"，寄望于此举可以换得天下太平。但是，汴京于靖康二年（1127年）沦陷，京城被洗劫一空。徽、钦二帝和宗室后妃等数千人被金兵掳掠，押往五国城（今黑龙江省依兰），史称为二帝"北狩"，或称"靖康之变"、"靖康耻"。至此，北宋灭亡。

九 明朝宫廷政治

明朝的建立者是明太祖朱元璋，年号洪武。

朱元璋登基后，为了屏藩王室，巩固皇位，就把他的24个儿子和1个从孙分封为藩王，分驻中央腹地（腹里）和边塞要地。受封诸藩王开府置官，地位很高，公侯大臣与亲王相见都行跪拜礼。每一个藩王都有军事指挥权，他们在边塞筑城屯田、训练将兵、巡视要害、督造军器。尤其是燕王朱棣，由于对敌作战功绩卓著，朱元璋令其"节制沿边士马"，地位独尊。朱元璋在世的时候，就有人指出了藩王势力过重，数代之后必尾大不掉，建议削夺诸藩，"节其都邑之制，减其卫兵，限其疆土"。朱元璋没有听进去。

洪武三十一年（1398年），朱元璋去世。由于太子朱标早已病死，皇太孙朱允炆即帝位，是为惠帝。明惠帝与大臣齐泰、黄子澄商量开始削藩。他发布太祖遗诏，令诸王留于封地，不要来京。燕王朱棣前来奔丧，被惠帝命令返回，导致诸王不满。在削藩顺序上，齐泰认为应先削实力最强的燕王，时户部侍郎卓敬亦上疏请改燕王封地于南昌。但黄子澄反对，他认为燕王有功，应该先找有问题的亲王下手。惠帝支持黄子澄，遂先后废除五位亲王。洪武三十一年七月，削燕王同母兄弟周王。时周王次子告发父亲谋反，于是派曹国公李景隆以备边之名经过开封，将周王全家押回南京，废为庶人。建文元年（1399 年）四月，又削齐、湘、代三位亲王，废为庶人。湘王不堪受辱，举家自焚；齐王被软禁在南京；代王被软禁在封地大同。两个月后，岷王也被削藩，废为庶人。

惠帝的削藩激化了明朝宫廷之间的矛盾。诸藩王之中，实力最强的是燕王朱棣。他见朝廷削藩形势，自知难逃厄运，遂于建文元年（1399 年）七月起兵反抗明朝中央政府。朱元璋时，为防止权臣谋篡，在《皇明祖训》中规定藩王有移文中央索取奸臣和举兵清君侧的权力："朝无正臣，内有奸逆，必举兵诛讨，以清君侧。"燕王朱棣指齐泰、黄子澄为奸臣，并称自己的举动为"靖难"，即平定朝廷的祸难之意。历史上称这场宫廷政治内部的战争为"靖难之役"。

朱棣初起兵时，势小力弱，朝廷则在各方面都占压倒性优势。朱棣后来听从手下谋士的策略，同时得到了南京宫廷里不满建文帝的太监的配合，及时调整战术，不攻城邑，越过山东等障碍，举兵南下，直指京城。由于南京城空虚无备，朱棣迅速夺取了南京。

燕王进入京城，文武百官纷纷跪迎道旁，在群臣的拥戴下即皇帝位，是为明成祖，年号永乐。历时四年的"靖难之役"以燕王朱棣的胜利而告终。燕王进京后，朱允炆在皇宫放火，导致马皇后死于大火。朱棣派人找出马皇后的尸体，并指认出所谓的朱允炆。他执其手哭"傻小子，何苦如此"，随后以天子礼葬之，造成惠帝已死的假象。其实，宫中起火，建文帝下落不明。一说建文帝于宫中自焚而死；一说建文帝由地道出亡，落发为僧，云游天下；又有传说他后来入居宫中，寿年而终；又有一说建文帝逃至东南亚，永乐皇帝派郑和下西洋一个重要目的就是寻找建文帝。建文帝的下落成为明史上的一大悬案。

朱棣登基后，大肆杀戮曾为建文帝出谋划策及不肯迎附的文臣武将。齐泰、黄子澄等被满门抄斩，谓之"瓜蔓抄"。名士方孝孺，因不肯为朱棣撰写即位诏书，先被诛九族，又遭诛杀其门生和朋友。

朱棣对靖难之役中立功者与靖难将士进行了封赏。各赐冠服，给诰券。诛杀异己与大封功臣，正是皇帝生杀予夺的权力。

朱棣即位后，不承认建文年号，他将建文元、二、三、四年改为洪武三十二至三十五年，次年改为永乐元年，并将朱允炆的三个弟弟先由亲王降为郡王，不久又废为庶人。凡建文年间贬斥的官员，一律恢复职务。朱棣还恢复了被撤藩的周王、齐王的爵位。随后恢复代王、岷王的爵位。永乐元年正月，令周、齐、代、岷四王归藩。同时，朱棣取消朱标的明兴宗庙号，重新称懿文太子。

朱棣即位后，出于政治上的考虑，决定迁都北京。永乐元年（1403 年）二月，朱棣改北平为北京，建立顺天府。随后，迁徙各地富民于北京。永乐十八年

（1420 年），北京皇宫和北京城建成，遂迁都北京，以南京作为留都。靖难之役时，朱棣得到了很多来自宦官的帮助，故其即位后改变了太祖禁止宦官干政的政策，开始重用宦官。下西洋的郑和就是宦官，人称"三宝太监"。朱棣设立了东厂，令亲信太监掌权，提高宦官地位，成为司礼监等宦官衙门地位提高和专权的祸根。

永乐皇帝朱棣即位后，命令解缙、黄淮等入直文渊阁，参与机务，随后人数扩充，成为明朝内阁的直接来源。明朝内阁的设立，与朱元璋建国以后废除宰相制度对于中枢政治体制的重大变革有直接关系。可以说，朱元璋此举直接决定了明朝百年宫廷政治的面貌与走向。明朝建立后，朱元璋时期宫廷政治的最大变局就是废除了宰相制度，他自己直接以皇帝君临百司，成为政府首脑。

朱元璋建国之初，中央中枢机构是中书省，设左右丞相。洪武初年的左丞相是李善长，右丞相是徐达。李善长自幼善读书，有智计，习法家言，预测诸事往往多中。朱元璋与他彼此意气相投，关系很好，视之为汉代萧何、张良一样的人物。由于当时徐达经常在外面领兵作战，所以实权掌握在李善长之手。后来，朱元璋因为疑心极重，开始对李善长不满。洪武四年（1371 年），朱元璋借李善长长期患病在家，李自己又上疏恳请致仕的机会，顺水推舟，批准了他的请求。朱元璋提拔为人小心谨慎、廉明持重的汪广洋为丞相。但是，汪广洋能力不济，办事乏力，又令朱元璋失望。

李善长趁机推荐精明强干的胡惟庸进入中书省，洪武十年（1377年），胡惟庸被擢升为左相。不久，汪广洋被朱元璋贬出朝廷，胡惟庸得以大权独掌。此人飞扬跋扈，专擅朝政，独断专行，趾高气扬，权倾一时。臣下向皇帝上疏奏事，必先经他审阅，只要是不利于自己的，他便扣留。同时，还大肆收受贿赂、卖官鬻爵。于是，朝中出现了一些不利于胡惟庸的舆论。不久，有人上告胡惟庸结党谋反。洪武十三年（1380年），朱元璋处死胡惟庸，并下令肃清逆党，前后受到牵连被杀的人多达三万。之后，朱元璋下诏罢黜丞相，并规定"以后嗣君并不许立丞相，臣下敢有奏请设立者，文武群臣即时劾奏，处以重刑。"后来他又大兴蓝玉党案，受牵连被杀者一万五千多人。"胡蓝之狱"使很多无辜受到牵连。

朱元璋废除宰相，权力高度集中，导致其陷于繁重的国家政务之中。朱元璋无论政事大小，都亲自处理。据吴晗的统计，仅在洪武十九年（1386年）九月十四日到二十一日，朱元璋就处理诸司奏章1660件，平均每日处理200多件。因政务繁多，朱元璋也尝试设立"四辅官"辅助自己处理朝政，但是四辅官多为年老体衰的"耆宿"，根本起不到辅政的作用。后来，朱元璋从翰林院选任官员加殿阁大学士衔，协助他阅看奏章、草拟诏旨。就这样，到朱元璋身后，永乐皇帝就命翰林院官员入直文渊阁，开始参与机务。一个被称为"内阁"的制度就应运而生了。

因为有朱元璋祖宗家训，不准设丞相，遂称大学士为辅臣、阁老，首席辅臣则称首辅、元辅。由于翰林学士仅为五品官，于是对内阁大学士多加六部尚书、侍郎等衔，以提高其地位。凡大学士兼六部尚书者，一般尊称为"阁部"。内阁制最初是皇帝秘书性质的机构，明成祖永乐时，入直官员开始参与机务。仁宗、英宗以后，学士多为元老大臣，内阁权位逐渐提升。从明世宗嘉靖时期以后，则"朝位班次，俱列六部之上"，俨然是前朝宰相之职。

在嘉靖年间，内阁成员地位迅速提升的过程，与这期间发生的"大礼仪之争"有很大干系。

"大礼仪之争"是明朝嘉靖年间宫廷政治中发生的重大事件。

明武宗正德皇帝朱厚照死后，无子继位，就选择了他的堂弟、兴献王的儿子朱厚熜以藩王身份嗣皇帝位，是为明世宗，嘉靖是明世宗的年号。

按照国家礼法，明世宗嘉靖皇帝继统与继嗣应当统一，也就是应当按照明武宗正德皇帝朱厚照法统承认明孝宗朱佑樘的皇统，以此来说明明孝宗皇统不绝。这样，嘉靖就应当把应称伯父的朱佑樘为皇父，而改称自己的父亲为叔父。但嘉靖登基后，想要追封自己的生父兴献王为皇帝。从国家礼法上看，如果追封兴献王为帝，那就是否认了正德皇帝的皇统。内阁首辅学士杨廷和、礼部尚书毛澄等认为，继统同时要继嗣，就应尊孝宗为皇考，生父只能为皇叔考。皇帝三次提出这一问题都遭到了大臣的抵制，所谓"议三上三却"。正当嘉靖无计可施之际，善于投机的张璁给皇帝上疏，大谈孝道："孝子之至，莫大乎尊亲。尊亲之至，莫大乎以天下养。陛下嗣登大宝，即议追尊圣考以正其号，奉迎圣母以致其养，诚大孝也。"他又说："夫天下岂有无父母之国哉？"他极力用孝养之道迎合皇帝追尊生父的主张。进士出身的张璁明确提出："继统不继嗣，请尊崇所生，立兴献王庙于京师。"这样一来，在朝廷之上围绕嘉靖皇帝继统与继嗣是否应该统一，形成了截然不同的两种意见，双方争论激烈，史称"大礼仪之争"。

嘉靖一筹莫展的时候，看到了张璁的上疏，顿时大喜。不久升他为礼部尚书兼文渊阁大学士，参与机务。一批"识时务者"逐渐集聚在张璁周围，成为嘉靖皇帝的支持者。张璁等人所作所为被叱责为"曲学阿世"、"圣世所必诛"。嘉靖皇帝下令将反对派打入诏狱，施以杖责。史书上说，死杖下者 10 余人，贬窜者相继。嘉靖三年（1524 年）四月，明世宗如愿以偿地追尊自己的父母为"本生皇考恭穆献皇帝"、"本生圣母章圣皇太后"，后来，嘉靖皇帝又采纳张璁等人的建议，去"本生"之称。朝廷一些固守礼法的大臣不为所动，他们包括九卿 23 人，翰林 20 人，给事中 21 人，御史 30 人等共 200 余人的庞大队伍，为捍卫礼法，集体跪在紫禁城左顺门外，要求维护国家大礼，集体向皇帝哭谏，力争继统就要继嗣。此举激怒了嘉靖，下狱者 134 人，廷杖而死者 16 人。九月，嘉靖皇帝尊孝宗为皇伯考，献皇帝为皇考，并将父亲的神主立入太庙，位在武宗朱厚照之上。首辅学士杨廷和被罢官，张璁为首的中下级官员取胜。

大礼仪之争前后延续了十余年，对明朝宫廷政治产生了深刻影响。朝廷政治在内阁首辅专权和内阁纷争中陷于混乱。嘉靖年间，明朝已立国两百多年。嘉靖皇帝幻想长生不死，在紫禁城里每日设坛修醮，青烟缭绕。他不理朝政，将朝政托付给严嵩。到嘉靖四十一年（1562 年），严嵩倒台后，大学士徐阶继之担任内阁首辅。

嘉靖四十五年（1566 年），嘉靖皇帝死去。裕王朱载垕即位，是为明穆宗。此前，以右春坊右谕德兼国子监司业的张居正在徐阶的推荐下任裕王的侍讲侍读。张居正在裕王府邸深得器重，王邸中中宫也无不推善张居正。这样，到明穆宗即位后，张居正就在隆庆元年（1567 年）以裕王旧臣的身份，担任了礼部右侍郎兼翰林院学士，不久即为吏部左侍郎兼东阁大学士进入内阁，参与朝政。同年，又充《世宗实录》总裁官，进礼部尚书兼武英殿大学士，加少保兼太子太保。隆庆二年（1568 年）七月，首辅徐阶因年迈多病被迫退休，李春芳为首辅。内阁首辅易人不久，入阁的赵贞吉与张居正甚不融洽。第二年，张居正和与他亲善的司礼监宦官合谋，召用高拱重入内阁，兼掌吏部事，控制了内阁大权。

张居正曾是高拱知己，此时二人更加亲密。高拱原与徐阶嫌隙很深，他迁怒于徐阶的几个儿子，阶诸子多坐罪。张居正曾很郑重地向高拱为徐阶的儿子求情。事后，高拱手下挑拨，说张居正收受徐阶的儿子三万金，致使高拱与张居正发生嫌隙，两人关系从此变得紧张。

隆庆六年（1572 年），明穆宗病死，年仅十多岁的神宗万历皇帝朱翊钧继位。张居正与宦官冯保关系密切。高拱却和冯保不和，想要设计对付他。后来高拱因自己口无遮拦触动李太后，被冯保构陷。李太后给高拱加上"专政擅权"的罪名将其发回原籍。张居正遂代高拱成了首辅，慨然以天下为己任。根据明朝制度，皇后与天子生母并称皇太后，而徽号有所区别。太监冯保想要媚事穆宗贵妃、万历皇帝的生母李太后，就示意张居正使李太后与皇太后平起平坐。张居正按照冯保的意思，建议尊皇后曰仁圣皇太后，皇贵妃曰慈圣皇太后，两宫从尊号上遂无差别。从此，李太后徙居乾清宫，抚养看护万历皇帝，倚重冯保。张居正联合冯保，依靠李太后，独掌明朝内阁大权达十年之久。

万历皇帝对张居正也极为亲重，常在赐其信札中称张居正为"元辅张少师先生"，待以师礼。万历有一天读书，念到"色勃如也"，误将"勃"读成了"背"。张居正就在身边大吼："这个应该读'勃'！"这令皇帝很是惊恐。据《明史·张居正传》记载，万历皇帝即位之初，张居正曾就自古以来帝王治乱事百余条，绘上图画，用浅显的语言加以解说，纂《帝鉴图说》，给万历皇帝做读本。还令儒臣编纂明朝自太祖皇帝以来的事迹成《宝训》、《宝录》，分类成书，共有 40 个类别，曰创业艰难，曰励精图治，曰勤学，曰敬天，曰法祖，曰保民，曰谨祭祀，曰崇孝敬，曰端好尚，曰慎起居，曰戒游佚，曰正宫闱，曰教储贰，曰睦宗藩，曰亲贤臣，曰去奸邪，曰纳谏，曰理财，曰守法，曰儆戒，曰务实，曰正纪纲，曰审官，曰久任，曰重守令，曰驭近习，曰待外戚，曰重农桑，曰兴教化，曰明赏罚，曰信诏令，曰谨名分，曰裁贡献，曰慎赏赉，曰敦节俭，曰慎刑狱，曰褒功德，曰屏异端，曰节武备，曰御戎狄。其辞多警切，均在经筵之暇向万历皇帝进讲。张居正得李太后信重，侍读讲经筵，恪尽心力地培养万历皇帝。万历大婚后，李太后将还慈宁宫，谕张居正："我不能视皇帝朝夕，恐不若前者之向学、勤政，有累先帝付托。先生有师保之责，与诸臣异。其为我朝夕纳诲，以辅台德，用终先帝凭几之谊。"还赏赐张居正坐蟒、白金、彩币等。张居正接他的母亲入京，万历皇帝与两宫皇太后赐赉甚厚，且用家人礼以表达对其母子的恩典。

万历皇帝即位之初，太监冯保朝夕在身边照顾其生活起居。每当万历有出格之举，就汇报给他的母亲李太后。李太后也会严厉地训责万历皇帝。每到这个时候，李太后往往会说："假如这些让张先生听到了，看你怎么办！"万历皇帝对这位师傅张居正很是忌惮。乾清宫的小太监孙海、客用等人因引导万历皇帝游戏，很受爱幸。李太后命令冯保将二人抓来一顿杖责，逐出宫外。张居正也给万历皇帝提出建议，要他"戒游宴以重起居，专精神以广圣嗣，节赏赉以省浮费，却珍玩以端好尚，亲万几以明庶政，勤讲学以资治理"。

万历因为张居正有李太后撑腰，也不得已，都得一一
答应，但是心里对张居正、冯保慢慢心生怨艾。据说，
万历皇帝曾经因为行为不检点被李太后得知，李太后
就给他看了《汉书·霍光传》，霍光在西汉时，曾经废
立过皇帝。李太后以此暗示万历，如果万历再不知道
收敛，就把他废掉。所以，到万历皇帝渐渐年长之后，
就开始对张居正心生厌意。

万历十年（1582 年）六月二十日，张居正病逝。
神宗万历皇帝为之辍朝，赠上柱国，谥号"文忠"。但
是好景不长，张居正死后，朝廷之上就开始了对他的
反攻倒算。其中，"倒张"派以内阁新主政的大学士张
四维态度最为激烈。在张居正病重期间，万历皇帝曾
令张四维等打理内阁中细务，大事仍然听凭张居正在
家处理。张居正在病中体力难支，虽然竭尽心力也无
法遍阅公文。即使这样，也不容许张四维等参酌。

内阁的倾轧加速了对张居正的政治清算，万历皇
帝最终给张居正加上了诬蔑亲藩、钳制言官、蔽塞朕
聪、专权乱政、罔上负恩、谋国不忠等罪名，下诏抄
了张居正的家。仅留空宅一所、田十顷，给他年迈的
老母留作奉养之资。后来，倒张派又穷追不舍，甚至
有御史官捕风捉影，附会当年科场考试时以舜、禹之
事命题，说是为了给张居正图谋受禅位造舆论。在这
一局势下，死后的张居正遭受了进一步的清算。万历
皇帝下诏，尽削其官秩，褫夺生前所赐玺书与四代诰
命，并将其罪状告示天下，甚至几乎要将其剖棺戮死。

对于张居正的遭遇，终万历之世，再无人敢于谈

论。到熹宗天启时，才开始有廷臣稍稍追述之。天启皇帝诏复其故官，予以葬祭。到崇祯三年（1630年），礼部侍郎罗喻义等公开为张居正讼冤。崇祯十三年（1640年），尚书李日宣等奏言："故辅居正，受遗辅政，事皇祖者十年，肩劳任怨，举废饬弛，弼成万历初年之治。其时中外乂安，海内殷阜，纪纲法度莫不修明。功在社稷，日久论定，人益追思。"这一奏论得到了崇祯皇帝的认可。

万历时期对张居正的反攻倒算，其实是内阁倾轧的一个反映。内阁经过嘉靖、隆庆两朝的发展完善，万历朝内阁发展到极盛时期，张居正担任首辅期间，万历皇帝刚刚即位，还未成年，张居正身为"元辅张先生"也就是皇帝的老师，与司礼监太监冯保关系密切，张居正通过冯保又很容易得到李太后的信任和支持。这样，大臣的奏章，阁臣的票拟，皇帝的批红，张居正一手操控，内阁成为政府运转的中枢，内阁首辅张居正成为实际上的政务决策者。到这个时候，明朝皇帝即使不上朝理政，国家机器也能依靠内阁体制所形成的一整套政务运作流程维持正常运转。

万历年间对张居正的反攻倒算结束后，万历宫廷并没有因此风平浪静。相反，多年来郁结在宫廷之中的种种问题，在万历皇帝晚年突然总爆发。明朝后期发生在宫中的三大疑案，成为万历生前身后宫廷政治乱局的集中体现。

明末宫中三大谜案是指"梃击案"、"红丸案"、"移宫案"。

一是梃击案。

神宗万历皇帝的皇后无子，王贵妃生子朱常洛，郑贵妃生子朱常洵。朱常洛为长，他的母亲王氏为李太后宫女，虽然生了长子，却备受冷遇。郑贵妃虽然所生朱常洵为皇三子，却为万历帝所钟爱，很得宠爱。万历年间，围绕立太子曾引起朝廷激烈的争论。郑贵妃与万历皇帝"密誓"立朱常洵为太子。朝臣们上书反对，他们依据立嫡立长的原则据理力争。开始，万历皇帝总以各种借口拖延立储，但是迫于众议，兼之皇太后施加压力，才于万历二十九年（1601年）十月册立长子朱常洛为皇太子。同时，又封朱常洵为福王，藩国洛阳。这在万历时期被称为"争国本"。册立朱常洛为太子后，宫廷政治之中围绕选立太子一事发生多年的争论暂时告一段落。但是，郑贵妃不满意，不断向万历皇帝撒娇施压。从万历二十九年（1601年）册立太子朱常洛后，到四十二年（1614年），又纠结了十几年，万历皇帝无可奈何，但也没有改变现状，直至福王离开北京赴洛阳就国，才使朱常洛的太子地位得到真正确认。但是，宫廷权力之争仍未停止。

万历四十三年（1615年）五月，宫外一神秘男子张差手持木棒闯入大内东华门，一直打到皇太子朱常洛居住的宫殿，击伤宫殿守卫，后被内监捕获。此事被称为"梃击案"，也就是梃击太子宫案。此案发生后，震惊了宫廷内外和朝野上下。联系万历四十一年（1613年）曾发生郑贵妃的内侍与奸人勾结诅咒皇太子的事件，梃击案将郑贵妃牵扯在内。支持皇太子的大臣认为是有谋杀太子的嫌疑，是蓄意而为。倾向郑贵妃、支持福王的臣僚认为是张差疯癫所为，是偶发事件。万历皇帝极力出面调解，一方面怒责郑贵妃，一方面迫使皇太子改变态度，不再认为是"张差所为，必有主使"，同意"此事只在张差身上结局足矣"。同时，万历皇帝又召见群臣，万历表达自己十分怀念皇太后，以示对支持皇太子的诚意。他拉着太子朱常洛的手对大学士说："这个儿子很孝顺，朕特别喜欢他。你们这些宫外的臣子，不要散布流言，离间朕之父子！"他回头对太子朱常洛说道："你有什么意见，就在这里说出来。"朱常洛对大臣道："张差是疯癫之人，把他处决事情就算结了。我父子何等亲爱！再议论下去，不仅害你们成为无君之臣，还害得我要成为不孝之子了！"万历于是一方面明令严惩张差等人，另一方面又"不许波及无辜人"，从而使郑贵妃得以解脱。后经会审，查明张差系京畿一带白莲教成员，其首领与郑贵妃乾清宫内的太监勾结，派张差打入宫内梃击太子。此案结局，当事人张差被杀，乾清宫涉案太监被击毙，一场轩然大波暂时平息。

二是红丸案。

万历四十八年（1620 年）七月二十一日，万历皇帝病死。太子朱常洛继位，改年号为泰昌，是为明光宗，习惯把他叫做泰昌帝。泰昌帝因服食红丸而死，酿成大案。

泰昌帝登基后，郑贵妃怕他报复，想法讨好朱常洛。朱常洛当太子时，身边有两个姓李的选侍，号称东李、西李。朱常洛特别宠爱西李，郑贵妃首先拉拢西李，她出面提议立西李为皇后，西李则提议封她为皇太后以作为报答。郑贵妃又挑选了八个美貌的女子送给泰昌帝。泰昌帝朱常洛沉溺女色，身体一下子垮下来。登极大典后仅十天，也就是这年八月初十，泰昌帝就一病不起。第二天的万寿节庆典，也被迫取消了。据《国榷》记载：郑贵妃"进侍姬八人，上疾始惫"。《罪惟录》也记载："及登极，贵妃进美女侍帝。未十日，帝患病。"八月十四日，泰昌帝病重，召来司礼监秉笔、掌御药房的太监崔文升为他治病。泰昌帝服用崔文升的药后，就开始腹泻。有的说一昼夜泻三四十次。八月二十九日，泰昌帝召见内阁大臣寻求良药，首辅方从哲等回话："鸿胪寺丞李可灼自称有仙丹妙药，臣等未敢轻信。"泰昌帝命身边太监速召李可灼进宫。李可灼诊视完毕，泰昌帝命他快快进药。诸臣再三嘱咐李可灼慎重用药，泰昌帝则不断催促。到天将近午，李可灼进一粒红丸。泰昌帝饮药后，即见奇效，称赞李可灼为"忠臣"。大臣们都心有不安，在宫门外等候消息。一位太监出来传话说，皇上服了红丸后，"暖润舒畅，思进饮膳"。天将日晡，李可灼又进一丸。次日卯刻，泰昌帝竟然驾崩。泰昌帝在八月初一日登基大典上，"玉履安和"，"冲粹无病容"，也就是步履、仪态正常。距离他登基仅仅一个月，就因服用"红丸"暴死，史称"红丸案"。有人指责皇帝是惑于女宠，是郑贵妃有意加害；有人说是用药差误。有的大臣因李可灼进红丸有功，议"赏钱"；有的大臣以"李可灼罪不容诛",议"罚俸一年";有的则以"可灼非医官,且非知药知脉者"议上,要将其发配远戍。此案一直争吵了八年,直到天启五年(1625年)魏忠贤上《三朝要典》,才使李可灼免于被发配的命运。但是,宫廷政局内的争斗并未真正结束。泰昌皇帝死后的天启年间,发生了移宫案。

三就是移宫案。

万历四十八年(1620年)七月至九月一日,万历皇帝与泰昌皇帝相继驾崩。15岁的朱由校即位,年号天启,是为明熹宗。

天启皇帝朱由校是泰昌帝朱常洛的儿子。他自幼备受冷落,朱由校的生母王才人虽位尊于西李之上,但因西李受宠,她备受西李凌辱而死,临终前遗言:"我与西李有仇,负恨难伸"。于是,当时有人认为天启皇帝从小亦受西李的"侮慢凌虐"。泰昌帝朱常洛即位后,天启皇帝朱由校与西李一起迁住乾清宫。泰昌帝朱常洛临终前,召大臣入乾清宫,西李见大臣们来了,带着朱由校避进内房。泰昌帝朱常洛吩咐群臣,封西李为贵妃,西李在里面唆使朱由校出来向父亲泰昌帝请求封自己为皇后。泰昌帝当时没有答应,大臣们对西李的做法十分不满。泰昌帝驾崩后,西李控制了乾清宫,在太监魏忠贤等支持下,企图逼封皇太后。此举引起朝臣怀疑,认为她要把持朝政。

泰昌帝驾崩当天,朝臣即直奔乾清宫,要求哭临泰昌帝,请见时为皇长子的朱由校,但受到西李的阻拦,不要他与大臣见面。东宫伴读王安走进房内,哄

骗西李道："太子出去一下就回来。"西李方准朱由校
与大臣们见面。

当把朱由校带到宫门口时，西李又反悔了，叫太
监把朱由校带回来。太监上前拉住朱由校的衣服，朱
由校一时也不知道何去何从。这时，杨涟上前将太监
斥退，并保护朱由校离开乾清宫。群臣簇拥着朱由校
来到文华殿，众大臣见到朱由校，即叩首礼拜，山呼
万岁，群臣决定在当月六日举行登基大典。

为了朱由校的安全，诸大臣暂将他安排在太子宫
居住，由亲信太监王安负责保护。西李仗着自己把朱
由校从小带大，又派太监去叫朱由校，企图通过挟持
朱由校压制群臣。西李派出的太监被大臣杨涟挡在门
外："殿下在东宫是皇太子，现在已经是皇帝了。选侍
有什么资格召见皇帝？你去传话，将来秋后算账，即
使不能把选侍怎么样，你却在劫难逃。"西李的目的落
空，又提出凡大臣奏章，先交由她过目，然后再交朱
由校，朝臣们强烈反对。群臣纷纷上书，要求西李搬
出乾清宫。乾清宫是内宫三大殿之一，地位非常尊贵，
西李是因为得泰昌皇帝朱常洛宠爱才被带进乾清宫的。
西李拒绝了要她搬出乾清宫的提议。这期间，西李又
想先封自己为皇太后，然后令朱由校即位，也遭到群
臣拒绝，双方矛盾日渐激化。朱由校御乾清宫登基大
典日期临近，西李尚未有移宫之意。九月初五，群臣
齐集宫外，要求朱由校下诏，令西李搬出乾清宫。杨
涟提议由大学士方从哲进宫去催促朱由校，方从哲为
人比较软弱，在移宫案中，首鼠两端。他说："迟搬几

天也没什么关系。"杨涟说："皇长子明天就要登基为天子,哪有天子住在太子宫里,反让一个选侍住在正宫里的道理!两宫圣母如果活着,也得夫死从子,选侍算什么,竟敢如此欺侮天子!"杨涟还表示："今天要是选侍还不搬出乾清宫,我们死也不走!"其他朝臣也高声附议。内阁诸大臣站在宫门外催促西李移宫,朱由校的东宫伴读太监王安在乾清宫内力驱。在这种情势下,西李无奈,只得怀抱所生八公主,仓促离开乾清宫,移居仁寿宫内的鸾宫。鸾宫是宫女养老的地方。九月六日,朱由校即皇帝位,改明年为天启元年。西李"移宫"后数日,鸾宫失火,经奋力抢救,西李母女险遭不测。当时就有人斥责这是蓄意谋害,欺人太甚:"皇八妹入井谁怜,未亡人雉经莫诉",指责他们违背孝悌之道。天启皇帝朱由校在杨涟等人的支持下批驳了这些说法,指出"朕令停选侍封号,以慰圣母在天之灵。厚养选侍及皇八妹,以遵皇考之意。尔诸臣可以仰体朕心矣"。随后晋封西李为康妃。至此,移宫案才算暂告结束。它与万历年间的梃击案、泰昌时的红丸案,一脉相承,互有关联。

明熹宗天启皇帝即位后,同样不理朝政,却喜欢做木匠活。魏忠贤与熹宗乳母勾结,渐得宠信,被任命为司礼监秉笔太监,后又令提督东厂,称九千岁。魏忠贤得势专权,勾结内外廷官员,结成阉党,内有五虎、十狗、四十孙等名目,引导天启皇帝沉溺娼优声伎,狗马射猎,他得以操持国政,致使朝政一片黑暗腐败。移宫案中支持天启皇帝登基的杨涟,反对魏忠贤专权，于天启二年（1622 年）上疏弹劾魏忠贤，列其二十四条大罪状。魏忠贤得熹宗庇护，于天启五年（1625 年）以"党同伐异，招权纳贿"罪，制造"乙丑诏狱"，将杨涟逮捕下狱，杨涟死于狱中。魏忠贤随后制造"丙寅诏狱"，大肆迫害东林党人，将东林党臣僚逐出朝廷。

此后的明朝宫廷更加动荡混乱，朝廷处于风雨飘摇之中。天启之后登基的崇祯皇帝朱由检将魏忠贤贬谪安徽凤阳明之祖陵司香，旋即下令逮治。但是，崇祯皇帝无力扭转大势，终难挽狂澜，走投无路之时吊死煤山，明朝宫廷政治的历史也走到了尽头。

十 清朝前期宫廷政治

明朝万历四十四年（1616年），我国东北地区的一个古老民族女真族的爱新觉罗·努尔哈赤，断绝了与明朝的隶属关系，在赫图阿拉（满语"横岗"的意思，今辽宁新宾西老城）建立大金（史称后金）国，年号天命。努尔哈赤在建国、统一女真各部的过程中，根据原来狩猎之需所组成的"牛录"（意即"箭"）并加以扩编，创建了女真人独特的社会组织——八旗制度。天命十年（1625年）即明天启五年，努尔哈赤将都城迁至沈阳（今属辽宁），改名盛京。

努尔哈赤初步确立了后金政权的立国规模，但是并没有确立汗位继承问题。他死后，在子侄之间产生了争执。众贝勒在大贝勒、两红旗额真（旗主）代善的提议下，推举皇太极为大汗。

据说，努尔哈赤临终前，曾有意让多尔衮继承汗位。为了防止日后引起诸子之间的纷争，皇太极又以努尔哈赤"遗命"的名义，率诸王贝勒逼令努尔哈赤的大妃阿巴亥殉葬。大妃阿巴亥在皇太极的母亲死后，深受宠爱，所生阿济格、多尔衮、多铎三子均年在冲龄即封为和硕贝勒，深为努尔哈赤喜爱。阿巴亥年富力强、颇有韬谋。所以，皇太极惟恐大妃阿巴亥日后推出多尔衮与之争夺汗位。

皇太极继位后，改年号为天聪，继承父亲遗志，为完成努尔哈赤未竟的事业，继续对明作战。另一方面，也没有放松对诸兄弟的戒备。他虽贵为大汗，但八旗旗主尤其是四大贝勒（大贝勒为代善，二贝勒是阿敏，三贝勒是莽古尔泰，皇太极为四贝勒）地位崇重，与他分庭抗礼，使他无时不感到潜在的危威。四大贝勒除阿敏是努尔哈赤之弟舒尔哈齐的儿子，其余三人都是努尔哈赤的儿子。四大贝勒在八旗军中地位显赫，是努尔哈赤对外扩张中最得力的助手。天聪二年（1628年），皇太极为投石问路，先将地位仅次于四大贝勒的弟弟、时为镶白旗旗主的阿济格（大妃阿巴亥之子）废黜，以旗丁归于多尔衮。两年以后，又借口将二贝勒阿敏幽禁，天聪五年（1631年），三贝勒莽古尔泰因不服调遣，又被革去大贝勒之位，降爵罚银。大贝勒代善此前把握了皇太极的政治思路，早已主动提出废除诸大贝勒与大汗同座受群臣朝贺的旧制，受到皇太极的优礼。从此，四大贝勒共理国政的女真旧制被废除，皇太极逐步确立起独尊的地位。皇太极将两黄旗与正蓝旗收归为大汗亲领三旗，后来又增设蒙古军八旗和汉军八旗，扩充自己的力量。同时，皇太极又仿明朝体制，设置了内三院（国史院、秘书院、宏文院）、六部（吏、户、礼、兵、刑、工）、都察院、理藩院（初为蒙古衙门）等机构，使后金立国的规模渐趋于完备。

天聪十年（1636 年），即明崇祯九年，皇太极在盛京去汗号，称皇帝，并改国号金为清，年号改为崇德，改女真族为满洲（满族的旧称），历史上称之为清太宗。此时，皇太极又整顿宫廷制度，设立了后宫的位号。皇太极册封了五宫妃子，博尔济吉特布木布泰为永福宫次西宫庄妃。庄妃的姑母为清宁宫中宫皇后，庄妃的姐姐为关雎宫东宫宸妃。另为衍庆宫次东宫淑妃和麟趾宫西宫贵妃，皇太极的后宫全部由蒙古女子充任。

庄妃在盛京生活期间，深得皇太极恩宠。崇德三年（1638 年）正月，庄妃生下一个儿子，即皇九子福临。她在清朝创业肇基之际，经受磨炼，"佐太宗文皇帝（皇太极）肇造丕基"，虽在后宫，赞助内政，对皇太极鼎助良多。

崇德八年（1643 年）八月九日夜，52 岁的皇太极突然中风，暴死寝宫。由于皇太极生前没有对继承人做出任何安排，宗室内部围绕着皇位继承展开了激烈的角逐。

当时有力量争夺皇位者，一是皇太极 32 岁的异母弟、睿亲王多尔衮，一是皇太极 34 岁的长子、肃亲王豪格。豪格本是正蓝旗旗主贝勒，皇太极亲领的正黄、镶黄两旗誓立豪格，镶蓝旗主贝勒、郑亲王济尔哈朗也倾向于他，正红旗主贝勒、礼亲王代善也表示要立皇子；而多尔衮和豫王多铎的正白、镶白两旗则力主拥立多尔衮。双方暗中较量，难分伯仲。多尔衮虽对皇位垂涎已久，但面对豪格的逼人之势，也犹豫不定。在这种形势下，庄妃毅然出面，奉劝多尔衮权衡轻重。她说："各旗贝勒各怀私心，您与肃亲王（豪格）之间，无论立谁，都不免一场内乱。到那时，恐怕局面难以收拾。现在只有您主动退避纷争，再改立皇子，惟有使双方都感顺遂，才是上策。"多尔衮听从了庄妃立皇九子福临由他辅政的意见。在王公大臣、各旗贝勒正式议立嗣君的大会上，多尔衮推辞了同母兄弟多铎和阿济格要他即位的建议。豪格以为大位非他莫属，也故作姿态，表示谦让退避，竟然离开了会场。两黄旗将领群情激昂，誓死要立皇子。多尔衮见时机成熟，起身宣布："既然诸位倡言要立皇子，现在肃亲王又退让不愿继统，不如立先帝之子福临，因其年幼，由我与济尔哈朗左右辅政，分掌八旗军兵，待其年长，当即归政。"两黄旗见由皇子即位，自己仍为天子亲率之旗，当即表示接受；镶蓝旗主贝勒、郑亲王济尔哈朗得以辅政，也尝到甜头，自然不反对，支持多尔衮的一方更无话可说。这一结果，既维护了八旗内部的团结，又照顾了各自的利益，使此番皇位角逐尘埃落定。

为了避母以子贵之嫌，庄妃接受当年努尔哈赤死后大妃阿巴亥被逼殉葬的教训，主动请求为皇太极殉葬，其意在堵塞众口。诸王贝勒纷纷以福临年幼需由母亲教养为由，全力劝阻，坚决请她勉留此身。无疑，庄妃是先发制人，免授人以柄。

福临即位后，改次年为顺治元年。庄妃被尊为皇太后，史称为孝庄太后。清太宗皇太极因谥号称"文"

皇帝，故又称之为孝庄文皇后。

清顺治元年（1644年）即明崇祯十七年，也是李自成大顺国永昌元年，农历甲申年。这一年初，李自成占领西安（今属陕西），改称西京，定国号为大顺，建元永昌。随后李自成率百万大军东渡黄河，取道河东太原（今属山西），兵分两路直攻北京。明崇祯皇帝朱由检走投无路，于三月十九日在紫禁城后面的煤山（今北京景山公园内）自缢而死。李自成率众由承天门（天安门）登临皇家宫殿。此前奉明朝廷之命镇守山海关的吴三桂，闻知其老父在京痛遭拷掠，家产被抄，爱妾陈圆圆又被李自成大将刘宗敏霸占，遂怒发冲冠，向关外多尔衮"乞师"求援。多尔衮乘此天赐良机，直逼北京而来。李自成兵败撤出北京，退往西安。五月一日，多尔衮占领北京。入京之初，他又以大清皇叔父摄政王的名义颁布公告，要为明朝臣民"报君父之仇"。他为崇祯帝以帝礼具其葬仪举行大丧之礼，令许多明朝故老百姓感激涕零。为明崇祯帝发丧安葬后，孝庄太后与顺治皇帝及朝廷文武百僚，离开盛京沈阳，迁都北京，孝庄文皇后入居紫禁城慈宁宫中。

迁都北京后，清朝更迅速地向中原腹地扩展势力，孝庄太后的顾虑却因为多尔衮功勋卓著、大权独揽而一天天加重。宫廷内外、关内关外，人人皆知有摄政王多尔衮，而不知有顺治皇帝。多尔衮对年幼的小皇帝心存藐视，孝庄太后感到儿子福临的皇位岌岌可危。为防止出现宫廷政局的动荡，使大清王朝能够在中原立稳脚跟，孝庄太后毅然决然地以太后之尊下嫁多尔衮，有效地扼制了多尔衮权欲的无限膨胀。

"太后下嫁"，素来被称为清初历史上的一桩疑案。后世历史学家虽致力破揭谜底，但终是纷纷聚讼，莫衷一是。正史记载都已对此无从引征，倒是从当时人的一些言语及野史轶闻中保存的若干资料，仍然可以窥测此事的一些蛛丝马迹。至于事情全貌如何，将成为一个难以破解的历史之谜留给后世去揣摸、推测了。

据说，在多尔衮的福晋博尔济吉特氏死去后，朝中像范文程等人就积极建议孝庄太后下嫁，范文程曾在朝中散布说："摄政王新悼丧亡，我皇太后又寡居无偶，应使同宫。"众人也都认为此事可行。满族入关初年，风俗习惯大多依承其旧。兄娶弟媳、弟妻寡嫂本无足为怪，所以，孝庄太后嫁给小叔多尔衮在当时也并不是石破天惊之举，更没有伤风败俗之嫌。朝廷还曾以顺治的口吻下了一道诏书："太后盛年寡居，春华秋月，悄然不怡。朕贵为天子……使圣母以丧偶之故，日在愁烦抑郁之中，其何以教天下之孝？叔父摄政王现方鳏居，其身份容貌，皆为中国第一人。太后颇愿纡尊下嫁，朕仰体慈怀，敬谨遵行，一应典礼，着所司预办。"

明朝遗民张煌言（苍水）所作《满洲宫词》（《建夷宫词》）即曾吟咏、渲染此事。词云："上寿称为合卺樽，慈宁宫里烂盈门。春宫昨进新仪注，大礼恭逢太后婚。"又云："十部梨园奏上方，穹庐天子亦登场。缠头岂惜千金费，学得吴歈醉一场。掖庭又闻册阏氏，妙选婵姬足母仪。椒殿梦回云雨散，错将虾子作龙儿。"张煌言词中所用词语主要就是围绕此事，或直述或隐叙，但"合卺"、"太后婚"、"慈宁宫"诸词使人自然联想到孝庄下嫁的婚礼场面。又"穹庐天子"自然是从大漠、草原来的皇帝，"梨园"是唐玄宗于宫中所设戏舞班子，"十部"是唐朝时国家礼典音乐十部乐的借用，原是说顺治皇帝在鼓乐齐鸣的热闹气氛下，也粉墨登场，一身装扮华丽异常，轻婉缠绵的曲子唱罢，都不免如酒醉一般陶醉了。吴歈，即指吴地的歌曲，庾信在《哀江南赋》中曾有"吴歈越吟，荆艳楚舞"的说法。而另词中所说"阏氏"，则是借匈奴王后之名喻指出生于科尔沁草原的孝庄太后，"孀姬"则把她孀居无偶的身份点明，"椒殿"则是椒房殿，用以喻指皇后所居之处，这里似乎正是讲孝庄太后大婚之后，从一个寡妇又成了新人，在所居的宫中与新夫鸾颠凤倒，云雨已收。"虾子"之说，则有明朝遗民对清室的愤诟。《满洲宫词》所述，正是当时人对已经进入北京皇宫的满洲皇族发生的这桩大事所做的一种摹绘，至少可以看出，当时南明上下对此皇太后再嫁一事是极为惊讶的，他们的议论传播，多少有种对此"伤风败俗"之举加以嘲讽之意。

经过春官（礼部）讨论，确定了太后下嫁及下嫁后的礼制，大约在顺治四年（1647年）底，举行了热闹而隆重的婚礼。礼毕后，史官也特别在史策上郑重记下："皇太后下嫁摄政王"。

到乾隆年间，因为碍于儒家纲常礼教，认为史策中记载此事，有碍后世视听，极不光彩，由大学士纪昀（晓岚）建议，乾隆皇帝下令删去。由此，太后下嫁的官方记载荡然无存，后世遂难明其究竟，以致遗留下一桩扑朔迷离的千古疑案。幸而野史遗闻、笔记小说和官方文书中留下的蛛丝马迹，才使我们有可能梳理、破解这一难解之谜。

从顺治五年（1648年）以后，皇叔父摄政王多尔衮始称"皇父摄政王"，在诏令谕旨、百官奏章中，皇父摄政王皆与皇上并列。朝贺之事，也与皇帝一体，同受群臣跪拜。据当时来朝的外国使臣观察，在当时人心目中，皇父摄政王无异于"太上"皇帝。自此，多尔衮自由出入"皇宫内院"，如同家居。多尔衮有生之年，权威地位已俨然成了一位君主，但因孝庄太后的红线羁绊，他始终没有做出危及顺治皇位的举措，从而保持了清朝宫廷政局相对稳定。

顺治七年（1650年）十二月初九日，多尔衮病死。大清朝廷宣布为他举行"国丧"，并且按皇帝身份为他置备丧仪，追尊为懋德修道广业定功安民立政诚敬义皇帝，庙号成宗，祔享太庙。14岁的顺治皇帝福临开始亲政。

顺治亲政伊始，孝庄太后就制定了为君之则，告诫他为政当治本："民者国之本。治民必简任贤才，治国必亲忠远佞；用人必出于灼见真知；莅政必加以详审刚断。赏罚必得其平，服用必合乎则。毋作奢靡，务图远大，勤学好问，惩忿戒嬉"。

顺治八年（1651年），孝庄太后将自己的侄女、科尔沁亲王吴克善之女博尔济吉特氏册封为顺治的中宫皇后。但皇后因为嗜好奢侈又生性好妒，与顺治发生冲突，顺治便以"无能"为由提出要将她废黜。顺治异常执拗，根本不考虑朝廷大臣的劝谏，固执己见，屡屡奏请孝庄太后。孝庄太后无奈，同意将仅做了两年皇后的侄女废为静妃，居于侧宫。为了不失和于蒙古，孝庄太后在第二年仍然按照满蒙通婚的仪制为顺治聘娶了自己的侄孙女、科尔沁贝勒绰尔济之女，并立为皇后。但是，顺治仍然对这位来自蒙古草原的博尔济吉特氏少女没有兴趣。这时候，他已狂热地迷恋上同父异母弟弟博穆博果尔的福晋——董鄂氏。

董鄂氏（或译为栋鄂氏），内大臣鄂硕之女，隶属正白旗，仪态端庄，举止合度，颇具风韵。自从顺治与之相遇，便对她产生了异乎常态的狂恋，最终竟发展到想再度废掉皇后，改立董鄂氏。对于顺治的任性，孝庄太后没有继续容忍，断然拒绝了他的请求。为了大清王朝的利益，孝庄太后要求顺治必须保证蒙古女性的皇后之位。在顺治的再三要求下，她也同意接董鄂妃入宫，并晋封为仅次于皇后的皇贵妃。

在孝庄太后的抑制下，满蒙联盟未因顺治的任性而破裂，这对当时大清王朝的统治具有非同寻常的意义。在顺治的感情世界中，董鄂妃占据着首要地位。幸而董鄂妃行无失德，对孝庄太后也恪守礼数，宫中并未出现历代常常不绝的房帏争宠之事。据史书记载，在此前后，顺治曾秉承孝庄太后的旨意，撰写《内则衍义》，并作序呈进备览，此举显然是有意在整饬后宫、敦促修行内德。

顺治十七年（1660年）八月，董鄂妃病死。顺治精神颓靡不振，他觉尘世无趣，想出家为僧，孝庄太后出面阻止。据当时宫中的人回忆说，顺治如果没有他的理性深厚的母后坚决加以阻止，他一定会充当僧徒的。顺治就曾经对人说："人生最值得贪恋与无法舍弃的，就是财宝妻孥。朕对财宝固然不放在心上，即使是妻孥也觉得如风云聚散，没甚关系。若不是挂念皇太后一人孤苦伶仃，朕便可跟随老和尚出家去了。"顺治皇帝在孝庄太后等人的劝说下，没有去当一个僧人，却取了一个"行痴"的法号。董鄂妃死后，顺治的身体越来越糟，他骨瘦如柴，时常咯血，后又染上了天花。顺治十八年（1661年）正月，仅有24岁的顺治驾崩在紫禁城内养心殿。旧传顺治实际上没有死，而是自己到五台山剃度出家，作了和尚。关于顺治的下落，乃是清初又一大疑案。

顺治死后，皇三子爱新觉罗·玄烨被选为继承人。玄烨即位后，年号康熙，是为清圣祖仁皇帝，孝庄太后被尊为太皇太后。

顺治病危期间，曾屡召大臣谋议皇位继承人，遗诏也是反复修改几次。最终按照孝庄太后的安排，选立了玄烨。有一个说法，顺治因为患天花而英年早逝，孝庄皇太后对这一疾病产生了极大恐惧。在当时，天花发病后没有特效药，因而死亡率高，患者只能依赖自身的免疫能力渡过难关。玄烨被选为继承人，是因为他很小的时候曾经出过天花，对这一病症已具有了终生免疫力，不必再担心会受这一病症的伤害。

康熙即位时年仅 8 岁，祖母太皇太后孝庄担当起培养、训导皇帝成长的重任。这时的孝庄太后历经政治风云变幻，成为大清帝国宫廷政治的核心。德高望重，一言九鼎。

当时，安徽桐城一位叫周南的秀才，千里迢迢赶到北京，慷慨陈词，要他仿效前代旧制，以太皇太后之尊垂帘听政，临朝称制。孝庄太后为了免开此先例，严词拒绝，坚持按照顺治遗诏选任索尼、遏必隆、苏克萨哈和鳌拜四位老臣辅政。孝庄太后为了笼络四大辅政老臣，在康熙四年（1665 年）七月，特意为 13 岁的康熙安排了大婚。索尼的曾孙女、领侍卫内大臣噶布喇之女赫舍里氏被册为皇后，遏必隆的女儿钮祜禄氏被封为皇妃，同时受册的还有康熙舅舅佟国维的女儿佟佳氏。孝庄太后以婚姻为手段就是寄希望辅政大臣尽忠匡辅幼主、光大清室基业。但是，辅政大臣之一的鳌拜（满洲镶黄旗）当政后结党营私，专横擅权，不把皇上、太皇太后及诸位辅政大臣放在眼里，另一位辅政大臣苏克萨哈因与他抗衡，遇事力争，被诬陷致死。康熙八年（1669 年）康熙皇帝亲政时，设计将鳌拜逮捕，革职拘禁，鳌拜不久病死。

康熙十二年（1673 年）三月，镇守广东的平南王尚可喜表请归老原籍辽东，请求以儿子尚之信袭爵留镇。结果，康熙准其归籍辽东而不准其子袭爵。康熙撤藩使与尚可喜同气连枝的靖南王耿精忠（耿仲明之孙）、平西王吴三桂坐立不安。为试探清廷态度，他们也假意请求撤藩。三藩问题，早成尾大不掉，康熙认为撤亦反，不撤亦反，不如早些动手尚可先发制人，孝庄太后支持康熙的决定。于是，康熙顺水推舟，诏令三地藩王可以颐养天年。三藩同撤，无异于当头棒喝。恼羞成怒的吴三桂于年底打出"复明"旗号在云南起兵，耿精忠在福建、尚之信在广东先后响应，南方各地闻讯也动荡不安，不到一年时间，滇、黔、湘、桂、川、闽、粤及赣、陕、甘诸省与吴三桂连兵。康熙临危不乱，沉着应付，冷静措置军务。康熙二十二年（1681年）平定了三藩之乱，康熙亲自到孝庄太后的寝宫奏捷，他兴高采烈地说："臣谨遵圣母皇太后训教，终得绥靖寰宇，叛逆削平，今日万民同贺，实应感戴太皇太后恩训"。

康熙的成长，饱含着孝庄太后的心血和汗水。康熙皇帝对于祖母皇太后的言传身教与教诲之恩，终生难忘。他曾经表示："朕早失怙恃，幸趋承祖母膝下三十余年，鞠养教诲，以致有成。没有祖母太皇太后，朕断不能有今日成立。"孝庄太后也因此赢得康熙无上的崇仰和孝敬，她的生活起居得到了康熙无微不至的关怀，直到晚年仍得享受天伦之乐，这在历史上充满倾轧与血腥的宫廷生活中是不多见的。

作为祖母皇太后，孝庄太后赢得了康熙皇帝的尊重。每当康熙上朝回宫，照例都要到她的寝宫请安问候，有时一天会去几次。每到此时，孝庄太后都不失时机地向可堪造就的康熙传授治国方略、为君之道。孝庄太后的一片慈爱、循循善诱之心，更加赢得了康熙的恩戴之情。康熙十一年（1672年），孝庄太后前

197

往河北赤城温泉时，途经长安岭，因山岭峻险陡绝，康熙下马亲自扶着她的御辇攀登。回来时，正赶上天降大雨，山路更滑，康熙就从马上下来，冒雨扶着孝庄太后的御辇徒步而行。孝庄太后见状，不忍他淋雨，就命他骑马从行。康熙为了祖母的安全，坚持不肯，直到平安下岭走上平坦大道，才乘马紧挨着祖母而行。

康熙时期，清王朝由动乱走向稳定，从萧条走上繁荣，开创了中国最后一个封建王朝的鼎盛时代，大一统的国家得到进一步巩固和发展，康熙也成为中国帝制时代最有作为和贡献的帝王之一。

参考文献

一 历史文献

1. 班固：《汉书》，中华书局二十四史点校本。

2. 蔡絛：《铁围山丛谈》卷一，中华书局点校本。

3. 长孙无忌等：《唐律疏议》，刘俊文点校，中华书局，1983。

4. 陈立：《白虎通疏证》，中华书局，1994。

5. 程大昌：《雍录》，杨恩成、康万武点校，陕西师范大学出版社，1996。

6. 杜佑：《通典》，中华书局校点，1988。

7. 黄宗羲：《明夷待访录》。

8. 李昉等：《太平广记》，中华书局排印本，1961。

9. 李昉等：《太平御览》，中华书局影印本，1960。

10. 李昉等：《文苑英华》，中华书局影印本，1966。

11. 马端临：《文献通考》，中华书局，1986。

12. 司马光：《资治通鉴》、《考异》，胡三省注，中华书局点校本，1956。

13. 王溥：《唐会要》，中华书局排印本，1955。

14. 王钦若：《册府元龟》，中华书局影印明崇祯本，

1960。

15. 温大雅：《大唐创业起居注》，上海古籍出版社。

16. 吴兢：《贞观政要》卷一《政体》，上海古籍出版社，1978。

17. 徐松：《唐两京城坊考》，方严点校，中华书局，1985。

18. 赵升：《朝野类要》，笔记小说大观本，江苏广陵古籍刻印社。

19. 赵翼：《廿二史札记》，王树民校正，中华书局，1984。

20. 赵彦卫：《云麓漫钞》，中华书局，1996 点校本。

二　今人著述

1. 白钢主编《中国政治制度通史》，人民出版社，1996。

2. 陈寅恪：《金明馆丛稿初编》，上海古籍出版社，1980。

3. 陈寅恪：《隋唐制度渊源略论稿》，上海古籍出版社，1982。

4. 陈寅恪：《唐代政治史述论稿》，上海古籍出版社，1982。

5. 陈仲安、王素：《汉唐职官制度研究》，中华书局，1993。

6. 刘后滨：《唐代中书门下体制研究》，齐鲁出版社，2004。

7. 吕思勉：《隋唐五代史》下册，中华书局，1959。

8. 宁可：《宁可史学论集》，中国社会科学出版社，1999。

9. 任士英：《唐代玄宗肃宗之际的中枢政局》，社会科学文献出版社，2003。

10. 任士英：《正说唐朝二十一帝》，中华书局，2005。

11. 唐长孺等编《汪籛隋唐史论稿》，中国社会科学出版社，1981。

12. 田余庆：《东晋门阀政治》，北京大学出版社，1991。

13. 王素：《三省制略论》，齐鲁出版社，1986。

14. 吴晗：《朱元璋传》，三联书店，1965。

15. 吴宗国：《隋唐五代简史》，福建人民出版社，1998。

16. 杨宽：《中国古代陵寝制度史研究》，上海古籍出版社，1985。

17. 杨鸿年、欧阳鑫：《中国政制史》，安徽教育出版社，1989。

18. 张晋藩、王超：《中国政治制度史》，中国政法大学版，1987。

19. 章诗同：《荀子简注》，上海人民出版社，1974。

20. 周良霄：《皇帝与皇权》，上海古籍出版社，1999。

21. 祝总斌：《两汉魏晋南北朝宰相制度研究》，中国社会科学出版社，1998。

后　记

关于这本小书写作的主旨，我在"引言"中已略作说明。

在小书完成的时候，我还想强调的是：在帝制时代，宫廷政治是一个客观存在，是理解古代中国国家政治尤其是中枢政治体制运作与权力行使面貌的基本内容。在一定意义上，宫廷政治甚至可以看做理解古代中国国家政治体制运作与权力行使的一把钥匙。无论如何，要理解古代中国，宫廷政治是一个无法回避的话题。

不过，平心而论，能够将宫廷政治问题纳入学术研究的视野，要感谢学术界前辈和同仁此前所做的不懈努力和辛勤探索，更要感谢改革开放以来中国建设发展的巨大进步以及新时期所营建的健康宽松的学术氛围。因此，研究与关注宫廷政治此类的话题不再成为禁区或雷区，这从时下出版的数量不菲的有关皇帝、后宫的书籍以及甚多的宫廷影视剧等可以得到直观的印象。

这本小书前两篇的内容，大部分在我的"宫廷政治与国家安全"一课上讲过多年。"宫廷政治与国家安全"是我来公安大学教书以后开设的一门选修课。其中课程的有些内容参考了一些前辈学者与同行的成果，但主要还是为了能够适应课程本身的要求，按照自己的思路作了编排。近些年，在开设这门课程的过程中，与同学们的交流与探讨，成了我的一种享受。林语堂先生说，读书的主旨在于排脱俗气；又说，读书需有胆识，有眼光，有毅力。本书的编排尽管仍不能免俗，但还是自信有一些属于个人的认识。所以，在这里再次提示读者朋友，本书虽然很难简单地满足您对九重宫门之内的好奇心，但是也许可以有助于您对纷纭交错的宫廷政治有些粗浅的理解。

还有必要说明的是，之所以能够着手编写这本小书，首先要感谢多年来一直关心我成长的高世瑜先生，是她的强烈推荐和督促才使我能够下定决心。十年前就为出版我的《唐代玄宗肃宗之际的中枢政局》劳心费力的社会科学文献出版社的宋月华先生，更以她的灵活与干练，使我对此小书的写作欲罢不能。小书编校过程中，社会科学文献出版社的编辑宋淑洁女士，也不以反复往还为累，耐心细致地操持此事。这在小书即将付梓之时，都是必须要表示感谢的。

限于本书体例，更因为个人能力所限，有关宫廷政治的很多话题还没有完全展开。至于书中舛误，也一定难以避免。凡此种种，尚祈读者见谅。

任士英

2012.6

谨记于北京木樨地南里之德风堂

《中国史话》总目录

系列名	序号	书名	作者
物化历史系列（28种）	20	园林史话	杨鸿勋
	21	圆明园史话	吴伯娅
	22	石窟寺史话	常　青
	23	古塔史话	刘祚臣
	24	寺观史话	陈可畏
	25	陵寝史话	刘庆柱　李毓芳
	26	敦煌史话	杨宝玉
	27	孔庙史话	曲英杰
	28	甲骨文史话	张利军
	29	金文史话	杜　勇　周宝宏
	30	石器史话	李宗山
	31	石刻史话	赵　超
	32	古玉史话	卢兆荫
	33	青铜器史话	曹淑琴　殷玮璋
	34	简牍史话	王子今　赵宠亮
	35	陶瓷史话	谢端琚　马文宽
	36	玻璃器史话	安家瑶
	37	家具史话	李宗山
	38	文房四宝史话	李雪梅　安久亮

系列名	序号	书名	作者
制度、名物与史事沿革系列（20种）	39	中国早期国家史话	王 和
	40	中华民族史话	陈琳国 陈 群
	41	官制史话	谢保成
	42	宰相史话	刘晖春
	43	监察史话	王 正
	44	科举史话	李尚英
	45	状元史话	宋元强
	46	学校史话	樊克政
	47	书院史话	樊克政
	48	赋役制度史话	徐东升
	49	军制史话	刘昭祥 王晓卫
	50	兵器史话	杨 毅 杨 泓
	51	名战史话	黄朴民
	52	屯田史话	张印栋
	53	商业史话	吴 慧
	54	货币史话	刘精诚 李祖德
	55	宫廷政治史话	任士英
	56	变法史话	王子今
	57	和亲史话	宋 超
	58	海疆开发史话	安 京

系列名	序号	书名	作者
交通与交流系列（13种）	59	丝绸之路史话	孟凡人
	60	海上丝路史话	杜瑜
	61	漕运史话	江太新　苏金玉
	62	驿道史话	王子今
	63	旅行史话	黄石林
	64	航海史话	王　杰　李宝民　王　莉
	65	交通工具史话	郑若葵
	66	中西交流史话	张国刚
	67	满汉文化交流史话	定宜庄
	68	汉藏文化交流史话	刘　忠
	69	蒙藏文化交流史话	丁守璞　杨恩洪
	70	中日文化交流史话	冯佐哲
	71	中国阿拉伯文化交流史话	宋　岘
思想学术系列（21种）	72	文明起源史话	杜金鹏　焦天龙
	73	汉字史话	郭小武
	74	天文学史话	冯　时
	75	地理学史话	杜　瑜
	76	儒家史话	孙开泰
	77	法家史话	孙开泰
	78	兵家史话	王晓卫

系列名	序号	书名	作者
思想学术系列（21种）	79	玄学史话	张齐明
	80	道教史话	王 卡
	81	佛教史话	魏道儒
	82	中国基督教史话	王美秀
	83	民间信仰史话	侯 杰 王小蕾
	84	训诂学史话	周信炎
	85	帛书史话	陈松长
	86	四书五经史话	黄鸿春
	87	史学史话	谢保成
	88	哲学史话	谷 方
	89	方志史话	卫家雄
	90	考古学史话	朱乃诚
	91	物理学史话	王 冰
	92	地图史话	朱玲玲
文学艺术系列（8种）	93	书法史话	朱守道
	94	绘画史话	李福顺
	95	诗歌史话	陶文鹏
	96	散文史话	郑永晓
	97	音韵史话	张惠英
	98	戏曲史话	王卫民
	99	小说史话	周中明 吴家荣
	100	杂技史话	崔乐泉

系列名	序 号	书 名	作 者
社会风俗系列（13种）	101	宗族史话	冯尔康　阎爱民
	102	家庭史话	张国刚
	103	婚姻史话	张　涛　项永琴
	104	礼俗史话	王贵民
	105	节俗史话	韩养民　郭兴文
	106	饮食史话	王仁湘
	107	饮茶史话	王仁湘　杨焕新
	108	饮酒史话	袁立泽
	109	服饰史话	赵连赏
	110	体育史话	崔乐泉
	111	养生史话	罗时铭
	112	收藏史话	李雪梅
	113	丧葬史话	张捷夫
近代政治史系列（28种）	114	鸦片战争史话	朱谐汉
	115	太平天国史话	张远鹏
	116	洋务运动史话	丁贤俊
	117	甲午战争史话	寇　伟
	118	戊戌维新运动史话	刘悦斌
	119	义和团史话	卞修跃
	120	辛亥革命史话	张海鹏　邓红洲

系列名	序号	书名	作者
近代政治史系列（28种）	121	五四运动史话	常丕军
	122	北洋政府史话	潘 荣　魏又行
	123	国民政府史话	郑则民
	124	十年内战史话	贾 维
	125	中华苏维埃史话	杨丽琼　刘 强
	126	西安事变史话	李义彬
	127	抗日战争史话	荣维木
	128	陕甘宁边区政府史话	刘东社　刘全娥
	129	解放战争史话	汪朝光
	130	革命根据地史话	马洪武　王明生
	131	中国人民解放军史话	荣维木
	132	宪政史话	徐辉琪　傅建成
	133	工人运动史话	唐玉良　高爱娣
	134	农民运动史话	方之光　龚 云
	135	青年运动史话	郭贵儒
	136	妇女运动史话	刘 红　刘光永
	137	土地改革史话	董志凯　陈廷煊
	138	买办史话	潘君祥　顾柏荣
	139	四大家族史话	江绍贞
	140	汪伪政权史话	闻少华
	141	伪满洲国史话	齐福霖

系列名	序号	书名	作者
近代经济生活系列（17种）	142	人口史话	姜涛
	143	禁烟史话	王宏斌
	144	海关史话	陈霞飞　蔡渭洲
	145	铁路史话	龚云
	146	矿业史话	纪辛
	147	航运史话	张后铨
	148	邮政史话	修晓波
	149	金融史话	陈争平
	150	通货膨胀史话	郑起东
	151	外债史话	陈争平
	152	商会史话	虞和平
	153	农业改进史话	章楷
	154	民族工业发展史话	徐建生
	155	灾荒史话	刘仰东　夏明方
	156	流民史话	池子华
	157	秘密社会史话	刘才赋
	158	旗人史话	刘小萌
近代中外关系系列（13种）	159	西洋器物传入中国史话	隋元芬
	160	中外不平等条约史话	李育民
	161	开埠史话	杜语
	162	教案史话	夏春涛
	163	中英关系史话	孙庆
	164	中法关系史话	葛夫平

系列名	序号	书　名	作　者
近代中外关系系列（13种）	165	中德关系史话	杜继东
	166	中日关系史话	王建朗
	167	中美关系史话	陶文钊
	168	中俄关系史话	薛衔天
	169	中苏关系史话	黄纪莲
	170	华侨史话	陈　民　任贵祥
	171	华工史话	董丛林
近代精神文化系列（18种）	172	政治思想史话	朱志敏
	173	伦理道德史话	马　勇
	174	启蒙思潮史话	彭平一
	175	三民主义史话	贺　渊
	176	社会主义思潮史话	张　武　张艳国　喻承久
	177	无政府主义思潮史话	汤庭芬
	178	教育史话	朱从兵
	179	大学史话	金以林
	180	留学史话	刘志强　张学继
	181	法制史话	李　力
	182	报刊史话	李仲明
	183	出版史话	刘俐娜
	184	科学技术史话	姜　超

系列名	序号	书名	作者
近代精神文化系列（18种）	185	翻译史话	王晓丹
	186	美术史话	龚产兴
	187	音乐史话	梁茂春
	188	电影史话	孙立峰
	189	话剧史话	梁淑安
近代区域文化系列（十一种）	190	北京史话	果鸿孝
	191	上海史话	马学强　宋钻友
	192	天津史话	罗澍伟
	193	广州史话	张　苹　张　磊
	194	武汉史话	皮明庥　郑自来
	195	重庆史话	隗瀛涛　沈松平
	196	新疆史话	王建民
	197	西藏史话	徐志民
	198	香港史话	刘蜀永
	199	澳门史话	邓开颂　陆晓敏　杨仁飞
	200	台湾史话	程朝云

《中国史话》主要编辑
出版发行人

总 策 划	谢寿光	王 正	
执行策划	杨 群	徐思彦	宋月华
	梁艳玲	刘晖春	张国春
统 筹	黄 丹	宋淑洁	
设计总监	孙元明		
市场推广	蔡继辉	刘德顺	李丽丽
责任印制	岳 阳		